„Blumen pflücken während der Fahrt verboten"

Geschichte der Sylter Inselbahn

Jan Kirschner

„Blumen pflücken während der Fahrt verboten"

Geschichte der Sylter Inselbahn

edition **sh:z**

Impressum

Jan Kirschner
„Blumen pflücken während der Fahrt verboten"
Geschichte der Sylter Inselbahn

Schleswig-Holsteinischer Zeitungsverlag
Nikolaistraße 14
24937 Flensburg
Gestaltung:
Horst Bartels
Lektorat:
Reinholde Christiansen
Vertrieb:
Flying Kiwi Verlag, Jens Junge
Postfach 1520 - 24905 Flensburg
Tel. 04 61 / 57 00 818 - Fax 04 61 / 57 00 828
Druck: Harry Jung, Flensburg
3. Auflage 2002

ISBN 3-926055-29-4

Inhalt

Das Sylter Kuriosum: Einer der berühmten Borgward-Umbauten – hier der Leichttriebwagen (LT) 4 auf seinem Weg durch die Lister Dünen.

Editorial

„Halt, wenn ein Zug sich nähert!", signalisiert mir plötzlich ein Schild und lenkt damit meine Aufmerksamkeit auf sich. Doch alles, was ich entdecke, sind ein vier Meter kurzes Gleis und zwei darauf lagernde Achsen eines alten Schienenbusses (LT 1). Ich stehe vor dem Westerländer Inselbahn-Denkmal, das an eine längst vergangene Epoche erinnert. An eine Ära, in der die Schmalspurbahn ein wichtiger - lange Zeit sogar der wichtigste - Träger des Inselverkehrs war.

Es war eine beschauliche Zeit. Da kam es schon einmal vor, dass der Zug mit Verspätung abfuhr, weil der Lokführer noch auf einen Bekannten wartete. Die verlorenen Minuten waren nur schwer aufzuholen; denn die Inselbahn schleppte sich mit einer Geschwindigkeit von knapp 30 Stundenkilometern über den Schienenstrang. Ganz aus dem Lot geriet der Fahrplan, wenn der Zug auf offener Strecke hielt, weil ein Fahrgast ein dringendes menschliches Bedürfnis verspürt hatte. Da ist es natürlich kein Wunder, dass der geläufige Ausspruch „Blumen pflücken während der Fahrt verboten" die Runde machte oder dass die Inselbahn mit zahlreichen Kosenamen bedacht wurde. „Rasende Emma", „Nivea-Schnellzug", „Feuriger Elias" oder „Käseschieber" sind nur eine kleine Auswahl eines großen Repertoires liebgemeinter Betitelungen.

1970 gehörte all das der Vergangenheit an; die Sylter Inselbahn fuhr nicht mehr. In zahlreichen Erzählungen lebte sie aber fort – bis zum heutigen Tage. Zum Beispiel in dieser:

Die Inselbahn hatte wieder einmal nur mit Mühe die kleine Steigung von Westerland nach Wenningstedt be- *wältigt und hielt nun keuchend am Wenningstedter Bahnhof. Da sah der Lokführer einen Bekannten aus Westerland vorbeigehen und bot ihm an, er könne doch bis Kampen mitfahren. Der Angesprochene lehnte höflich ab: „Vielen Dank. Heute habe ich es eilig!" Sprach`s und ging zu Fuß weiter.*

Solche netten Geschichten oder die vielen schönen alten Bilder, die es von der Inselbahn gibt, haben vor gut zwei Jahren auch mein Interesse am Sylter Eisenbahnverkehr geweckt. Ich beschloss, mich in meiner Diplomarbeit mit diesem Thema zu beschäftigen. Die Arbeit, die im übrigen den Titel „Der Personenverkehr über den Hindenburgdamm und die Sylter Inselbahn - eine historisch-geographische Betrachtung" trägt, wurde im Oktober 1998 fertig. Kurz nach Abgabe der Arbeit hatte ich die Idee, meine Ergebnisse auch einem breiteren Publikum zugänglich zu machen. Der Grundstein für eine Zeitungsserie in der „Sylter Rundschau" war gelegt. Nun bin ich umso mehr erfreut, dass daraus ein richtiges Buch geworden ist. An dieser Stelle möchte ich nicht versäumen, all denjenigen zu danken, die an der Entstehung des nun vorliegenden Werkes beteiligt waren. Das waren Peter Bahnsen, Horst Bartels, Nils Bosselmann, Thomas Burgard, Jörg Christiansen, Prof. Dr. Dietrich Denecke, Gert Uwe Detlefsen, Barbara Engelmann, Jan Gantevoort, Herr Haselbach, Frau Hegenberger (Sylter Archiv), Frank Hinrichsen, Bärbel Kirschner, Ralf Krause, Prof. Dr. Werner Kreisel, Stefan Lipsky, Ulrich Mackenthun, Dieter Nickel, Gerhard Nowc, Sven Paulsen, Karsten Puck, Maren Stöver, Imke Wein und Frank Zarp.

Jan Kirschner

Die Sylter Inselbahn – mehr als Nostalgie

30 Jahre ist es her, dass zuletzt ein „Nivea-Schnellzug" von Westerland nach List düste. Eine halbe Ewigkeit, trotzdem ist von der Inselbahn mehr geblieben als nur ein Denkmal oder einige schöne Anekdoten. Das beweist allein schon ein Blick an das nördliche Inselende zum Restaurant „Lister Hof": Auch wenn hier keine Fahrkarten mehr erworben werden können, ist die alte Bestimmung des Gebäudes kaum zu übersehen – es ist der alte Lister Bahnhof. Und warten muss der Gast immer noch – auf allerlei Appetitliches. Wie wäre es mit einer frischen Nordseescholle „Lister Art"?

Ein paar Meter von der Gastwirtschaft entfernt ragt noch ein weiteres kleines Gebäude aus dem Erdboden her-

vor. Es wird heute vom Personal des „Lister Hofes" genutzt. Die übrigen Bauwerke, die einst das Bahnhofsgelände vervollständigten, sind aber inzwischen verschwunden, wie Robert Fleth, der Inhaber der Gastronomie, zu berichten weiß: „Der Lokschuppen wurde bei einer Übung der Bundeswehr abgerissen." Das war Mitte der Siebziger. Rund zwei Dekaden später, nämlich erst 1994, ereilte die Laderampe dasselbe Schicksal. „Die war da, wo heute der Spar-Markt steht", erinnert sich Fleth.

Es gibt auf Sylt noch ein weiteres ehemaliges Bahnhofsgebäude. Es steht in Kampen. Allerdings ist die Baulichkeit – im Vergleich zu seinem Pendant in List – eher unscheinbar. Der aufwendige Umbau zu einer Ferien-

Der Lister Bahnhof: Zwischen 1936 und 1970 war dies die nördlichste Station der Inselbahn.

Der „Nivea-Schnellzug" LT 4 auf dem Weg durch die Dünen.

Die Inselbahntrasse heute: ein beliebter Radweg zwischen Kampen und List.

wohnung hat das „Prahlhüs" so weit verändert, dass seine ursprüngliche Nutzung heute kaum mehr zu erahnen ist. Dafür bietet das ehemalige Kampener Bahnhofsgelände dem Eisenbahn-Freak eine kleine Attraktion; denn ihm dürfte unweit des Radweges, der die Lage des einstigen Hauptgleises markiert, eine auffällige Musterung des Bewuchses ins Auge stechen. Und wenn er genauer hinsieht, stößt der aufmerksame Beobachter zwangsläufig auf Spuren des Gleisunterbaus. Bei der Entdeckung handelt es sich um die Überreste zweier ehemaliger Nebengleise.

Im Rantumer Ortskern deutet noch heute ein plötzlich erweiterter Abstand zwischen den beidseitig verlaufenden Häuserzeilen auf den Standort eines Bahnhofs und seiner Gleise hin. Das Empfangsgebäude selbst musste allerdings einer Pension weichen. Nicht anders sieht es in den übrigen Inselorten aus. Dort haben heute ein Grill (Hörnum), Ferienhäuser (Wenningstedt), ein Appartementhaus (Westerland) oder – wie beim Westerlän-

der Südbahnhof – ein Parkplatz die Bahnhofsfläche eingenommen.

Auch in diesen Orten hat die Inselbahn unzweifelhaft ihre Spuren hinterlassen. Schließlich griff die Kleinbahn in die Entwicklung der Siedlungsstruktur ein. Es entstand ein auf den Betrieb der Eisenbahn zugeschnittenes Umfeld, ein kleines Bahnhofsviertel, das noch immer rekonstruiert werden kann. Am besten eignen sich dafür die Postgebäude, die überall auf der Insel ganz in der Nähe der Schmalspurbahn errichtet wurden. „Als es noch keine Straßen gab, wurde die Post mit der Inselbahn befördert", nennt Werner Haselbach, ein ausgewiesener Experte der Sylter Postgeschichte, den Grund für diese räumliche Konvergenz. So trifft man in Wenningstedt noch heute, wenige Meter vom einstigen Haltepunkt der Inselbahn entfernt, auf das 1907 erbaute Postgebäude, das mittlerweile von der Gemeindeverwaltung genutzt wird. Das heutige Postamt steht aber gleich nebenan auf dem angrenzenden Grundstück. Auch in List, in Hörnum

Das Inselbahn-Denkmal am Westerländer Bahnhofsvorplatz.

Der ehemalige Lister Bahnhof
beherbergt heute die Gaststätte „Lister Hof".

und vor allem in Westerland - in der „Alten Post" sind heute die Stadtbücherei und das Sylter Archiv beheimatet - lag die Post einst in der unmittelbaren Umgebung der Kleinbahnstation.

Zurück nach Wenningstedt, wo ein besonders schönes, heute noch intaktes Bahnhofsareal entstanden ist. Dazu zählt neben der Post die Baufirma der Gebrüder Holst, die sich bereits 1905, nur zwei Jahre nach dem Bau der Nordbahn, direkt am einstigen Bahnhofsgelände ansiedelte, und eine Bushaltestelle. Aber was bitte hatte der Busverkehr mit der Inselbahn zu tun? Ganz einfach: Die Sylter Verkehrsgesellschaft hatte seit den sechziger Jahren in einem immer stärker werdenden Maße auf den Strecken der Sylter Inselbahn Busse eingesetzt. Daraus ergab sich folgerichtig eine räumliche Nähe von Bushaltestelle und dem Haltepunkt der Inselbahn.

Vielleicht ist einiges ein wenig weit hergeholt und nur für eingefleischte Eisenbahn-Fans von Bedeutung, aber bei der Befahrung der Inselbahn-Trasse dürfte auch ein Laie auf seine Kosten kommen. Schließlich schlängelt sich der ehemalige Fahrweg außerhalb der Orte durch ein herrliches Dünenmeer, das Anlass genug gibt, in das Reich der Nostalgie abzutauchen und die Inselbahn im Geiste wieder aufleben zu lassen. Seinen Trip in die Inselbahn-Epoche kann der „Zeitreisende" nahezu ungestört genießen, da 75 Prozent der ehemaligen Trasse ausschließlich für Fußgänger und Radfahrer reserviert sind.

Insgesamt - so ist zu bilanzieren - hat die Spurensuche ein beachtliches Ergebnis gebracht, das folgendes Fazit zuläßt: Die Inselbahn ist mehr als ein Bestandteil der Sylter Geschichte, sie ist mancherorts immer noch eine Komponente der Gegenwart.

Ein Blick auf die Trasse in Kampen. Unten im Bild: der ehemalige Inselbahnhof, das heutige „Prahlhüs".

Eine Reise nach Sylt im 19. Jahrhundert – ein Abenteuer

Um das Jahr 1850 herum machte sich ein abenteuerlustiger Kaufmann aus Hamburg auf den Weg zu einem geheimnisvollen Eiland namens Sylt. Es war eine äußerst mühselige Reise, wie uns der damalige Inselchronist Christian Peter Hansen berichtet: „[Der Handelsmann] fand die Gegend bis etwa eine Meile nördlich von Flensburg im Ganzen freundlich, mitunter reizend; dann aber änderte sich die Szene gänzlich. Vor ihm dehnte sich jetzt im Norden und Westen eine unabsehbare Heide aus ... Er

hielt es für eine große Geduld- und Mutsprobe, die er bestand, als er nach achtstündiger Fahrt auf miserablen Wegen über die schreckliche Heide die Stadt Tondern erreichte. Die Landschaft wurde jetzt wieder grüner, jedoch blieb sie flach und niedrig." Schließlich traf der Reisende in Hoyer ein. Damit war der Hanseat aber noch nicht am Ziel. Ein strapaziöser Segeltörn, der bei widrigen Westwinden bis zu zwölf Stunden dauern konnte, stand ihm noch bevor. Die Seekrankheit und der Spott des Fähr-

Vor der Epoche der Sylter Inselbahn beförderten Pferdefuhrwerke die abreisenden Kurgäste von Westerland nach Munkmarsch.

manns, „den Krebsen Futter gegeben" zu haben, waren dem Kaufmann gewiss, ehe er endlich das so ersehnte Sylt betreten durfte.

Auf einen kurzen Nenner gebracht: Eine Reise nach Sylt war noch Mitte des 19. Jahrhunderts ein Abenteuer. Nun setzte aber eine rasante Entwicklung ein, die dazu führte, dass sich auch die Reisebedingungen zu den Nordseeinseln zusehends verbesserten. Da war die Eisenbahn, die auf dem Festland ihren Siegeszug antrat

und allmählich auch den nordfriesischen Raum immer besser erschloss.

Oder der Schiffsverkehr, der ständig neue Dimensionen annahm. Als der dänische Staat am 1. Juni 1854 das Post- und Fährwesen zwischen Hoyer und Munkmarsch in seine Obhut brachte, bestand erstmals eine regelmäßige Verbindung zwischen Sylt und dem Festland - allerdings noch auf Basis von Segelbooten. Aber schon 1855 verkehrte der Raddampfer „Hammer" in den

Der Seitenraddampfer „Freya" verkehrte bis 1927 zwischen den Häfen von Munkmarsch und Hoyerschleuse.

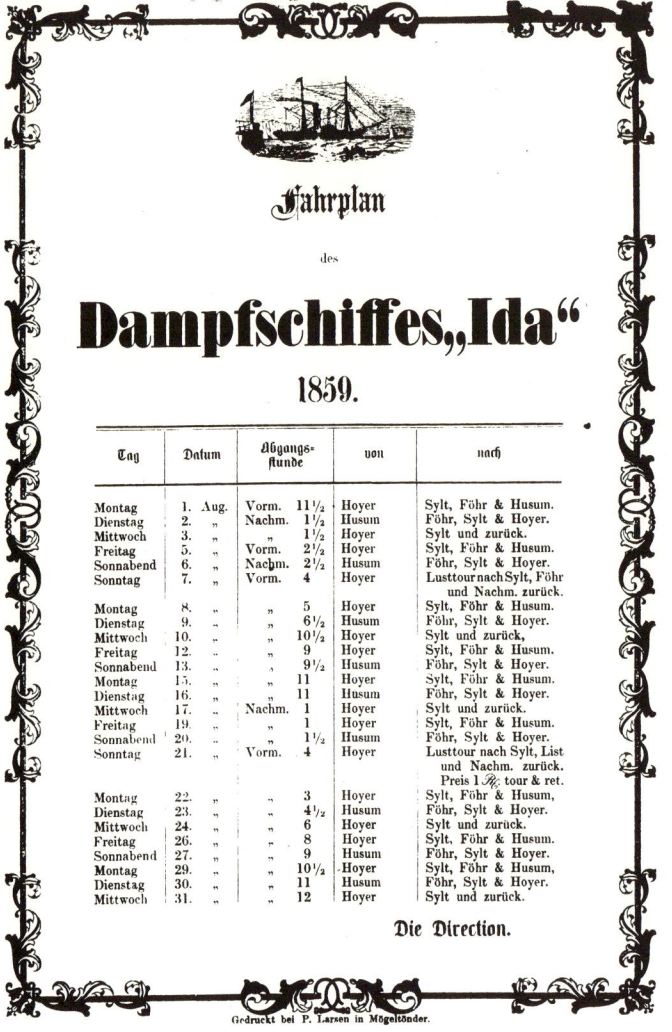

Fahrplan

des

Dampfschiffes „Ida"

1859.

Tag	Datum	Abgangs-stunde		von	nach
Montag	1. Aug.	Vorm.	11½	Hoyer	Sylt, Föhr & Husum.
Dienstag	2. „	Nachm.	1½	Husum	Föhr, Sylt & Hoyer.
Mittwoch	3. „	„	1½	Hoyer	Sylt und zurück.
Freitag	5. „	Vorm.	2½	Hoyer	Sylt, Föhr & Husum.
Sonnabend	6. „	Nachm.	2½	Husum	Föhr, Sylt & Hoyer.
Sonntag	7. „	Vorm.	4	Hoyer	Lusttour nach Sylt, Föhr und Nachm. zurück.
Montag	8. „	„	5	Hoyer	Sylt, Föhr & Husum.
Dienstag	9. „	„	6½	Husum	Föhr, Sylt & Hoyer.
Mittwoch	10. „	„	10½	Hoyer	Sylt und zurück.
Freitag	12. „	„	9	Hoyer	Sylt, Föhr & Husum.
Sonnabend	13. „	„	9½	Husum	Föhr, Sylt & Hoyer.
Montag	15. „	„	11	Hoyer	Sylt, Föhr & Husum.
Dienstag	16. „	„	11	Husum	Föhr, Sylt & Hoyer.
Mittwoch	17. „	Nachm.	1	Hoyer	Sylt und zurück.
Freitag	19. „	„	1	Hoyer	Sylt, Föhr & Husum.
Sonnabend	20. „	„	1½	Husum	Föhr, Sylt & Hoyer.
Sonntag	21. „	Vorm.	4	Hoyer	Lusttour nach Sylt, List und Nachm. zurück. Preis 1 ℛ. tour u. ret.
Montag	22. „	„	3	Hoyer	Sylt, Föhr & Husum.
Dienstag	23. „	„	4½	Husum	Föhr, Sylt & Hoyer.
Mittwoch	24. „	„	6	Hoyer	Sylt und zurück.
Freitag	26. „	„	8	Hoyer	Sylt, Föhr & Husum.
Sonnabend	27. „	„	9	Husum	Föhr, Sylt & Hoyer.
Montag	29. „	„	10½	Hoyer	Sylt, Föhr & Husum.
Dienstag	30. „	„	11	Husum	Föhr, Sylt & Hoyer.
Mittwoch	31. „	„	12	Hoyer	Sylt und zurück.

Die Direction.

Gedruckt bei P. Larsen in Mögeltönder.

Einer der ältesten noch erhaltenen Fahrpläne eines Dampfschiffes.

Sommermonaten zwischen Husum, Wyk und Sylt. Drei Jahre später folgte die „Ida", die auch Hoyer bediente. Die treibende Kraft dieses Fortschrittes war der Fremdenverkehr, der sich seit 1854 auf Sylt, der „Königin der Nordsee", etablierte. In jenem Jahr tummelten sich ein paar Dutzend Badegäste am Strand von Westerland. Zwölf Monate später stellte der Landvogt von Levetzau an selber Stelle einige Badekarren auf. Für deren Benutzung mussten Badekarten gelöst werden. Die Geburtsstunde des Nordseebades Westerland! Der unaufhaltsame Aufstieg Westerlands begann. Bereits 1877 hatte ein Fremder die Wahl zwischen 150 Hotels, Pensionen und Privatquartieren; zehn Jahre später wurden in Westerland erstmals über 5000 Kurgäste registriert, und noch einmal zwei Dekaden weiter war aus dem ehemaligen Bauerndorf eine Stadt geworden.

Ebenso wie der Badebetrieb wuchs der Verkehr. Die Fahrpläne der Dampfschiffe wurden immer dichter. 1883 bewältigte die neugegründete „Sylter Dampfschiffahrt-Gesellschaft" (SDG) ihren Linienverkehr zwischen Hoyerschleuse und Munkmarsch bereits mit den drei Raddampfern „Germania", „Sylt" und „Westerland". Sie liefen Sylt im Sommer zweimal, im Winter einmal täglich an.

Seit 1885 bot sich dem Sylt-Touristen eine äußerst attraktive Alternative: die „Bäderlinie Hamburg-Helgoland-Wyk/Föhr". Initiator dieser komfortablen Reisemöglichkeit war die Hamburger Reederei Morris&Co., die ihre Passagiere aber nur bis Föhr beförderte. Wer zur nördlichen Nachbarinsel wollte, musste in Wyk einmal übernachten, um dann mit Hilfe der „Wyker Dampfschiffs-Rhederei" nach Munkmarsch überzusetzen.

„Nii Warels Küüren" – der Bau der Ostbahn

Hatte der Reisende erst Munkmarsch erreicht, war es egal, wie er auf die Insel gekommen war – die letzten rund vier Kilometer vom Fähranleger nach Munkmarsch erwiesen sich für alle Sylt-Besucher als eine holprige Angelegenheit. Noch immer bestand das Sylter Verkehrswesen lediglich aus einem unbefestigten Wegenetz und einigen Pferdefuhrwerken. Es hagelte Beschwerden seitens der Kurgäste; denn ein gemütlicher Ausklang der Reise war die wacklige Kutschenfahrt nun wirklich nicht. Erste Anlaufstation der gequälten Badegäste war Dr. Julius Adrian Pollacsek, seit 1884 Eigentümer des Seebades Westerland. Beim Kurdirektor fanden die gequälten Badegäste Verständnis. Schon am 28. August 1885 stellte Pollacsek einen Antrag auf Genehmigung einer Straßenbahn zwischen Munkmarsch und Westerland.

Bis zum ersten Spatenstich sollten aber noch drei Jah-

Ab 1888 stiegen die Kurgäste direkt vom Schiff in die Sylter Ostbahn um.

re ins Land verstreichen – vor allem weil der preußische Staat einer Finanzspritze ablehnend gegenüberstand. Da half selbst die Fürsprache einflussreicher Badegäste nichts. So blieb Pollacsek nichts anderes übrig, als das Projekt aus eigener Tasche zu finanzieren. Erst 1888 – aus der Straßenbahn war inzwischen eine Kleinbahn geworden – erteilte der Staat dem Westerländer Kurdirektor die Konzession. Sie beinhaltete die Verpflichtung zu einem ganzjährigen Personen- und Güterverkehr.

Für den Bau der Schmalspurbahn holte Pollacsek einen angesehenen Fachmann auf die Insel: Emil Hyronimus Kuhrt (1848-1909). Der Flensburger Bahndirektor hatte bereits vergleichbare Projekte, zum Beispiel die Flensburger Kreisbahn (1885/86), ins Leben gerufen. Der Kuhrt'schen Philosophie entsprach es, verkehrsferne Regionen mit Hilfe von Kleinbahnen möglichst kostengünstig zu erschließen. Kuhrt wurde seinem Ruf auch auf Sylt gerecht. In der für ihn gewohnt soliden Manier erledigte er seinen Auftrag im Rekordtempo von nur sieben Wochen. Die Baukosten beliefen sich auf nur 131 400 Mark – selbst für damalige Verhältnisse eine geringe Summe. Das lag hauptsächlich an der fast schon „spartanischen" Ausstattung der ersten Sylter Inselbahn: Lediglich in Westerland wurde ein Bahnhofsgebäude errichtet. In Munkmarsch hingegen übernahm der Gastwirt die Stationsverwaltung. Eine „transportable Holzbude" diente als Schalter. Am Haltepunkt Lornsenhain verzichtete Kuhrt sogar gänzlich auf Bauten.

Am 8. Juli 1888 war der große Tag gekommen: Die „Sylter Dampfspurbahn" ging auf ihre Jungfernfahrt. Daran teilnehmen durften aber nur diejenigen, die vorher den Tarif in Höhe einer Mark entrichtet hatten. Für Gepäck (10 Pfennig) und Hunde (20 Pfennig) musste extra gezahlt werden.

Dr. Julius Adrian Pollacsek:
Kurdirektor (1884-93) und Inselbahn-Initiator.

Den Verlauf einer Fahrt mit der „Sylter Dampfspurbahn" beschrieb Christian Jensen 1891: „Unser Weg führt über die Heide. An beiden Seiten liegen hin und wieder Korn- und Grasfelder und zahlreiche Grabhügel der Vorzeit. Das Dorf Westerland macht einen guten Eindruck; die Häuser, welche wir zuerst treffen, liegen um die Kirche des Ortes gruppiert. Es sind sauber gehaltene Wohnungen, zumeist von früheren Seefahrern erbaut ... Weiter westwärts treffen wir neue, vorwiegend zweistöckige Gebäude, die erst in neuester Zeit, seit Westerland Seebad wurde, eingerichtet sind .... Die Spurbahn führt uns zum Kurhaus, dem Zentrum Westerlands."

Nach nur 4,2 Kilometern bzw. zwölf Minuten - die Pferdefuhrwerke hatten für den selben Weg noch eine Stunde benötigt - war alles vorbei: Die „Sylter Dampfspurbahn", die mit dem rasanten Tempo von 20 Stundenkilometern über die Gleise „donnerte", hielt im Westerländer Inselbahnhof. Sylt war Zeuge eines enormen Fortschritts geworden, der nicht überall auf Gegenliebe stieß. Viele mussten sich noch an die „Nii Warels Küüren", an die Sitten der modernen Zeit, gewöhnen. Deshalb erließ der preußische Staat 1893 eine Polizeiverordnung, die unter anderem folgende Anweisung enthielt: „Sobald sich ein Zug nähert, müssen Fuhrwerke, Reiter, Fußgänger, Treiber von Vieh und Lasttieren in angemessener Entfernung von der Bahn und zwar, sofern Warnungstafeln vorhanden sind, an diesen halten, beziehungsweise die Bahn schnell räumen."

Am Westerländer Ostbahnhof war für die ankommenden Kurgäste Endstation.

Die Sylter Südbahn: Eine Schiffslinie im Dünenmeer

„Wer mit diesem Schiff eine Reise macht, wird auf schnellste und zugleich bequemste Weise befördert." Diese Lobeshymne galt dem Seebäderdienst, dessen Blütezeit 1891 begann, als Albert Ballin die Bildfläche betrat. Mit seinen drei Dampfern „Cobra", „Prinzessin Heinrich" und „Silvana" unterhielt der Hamburger Reeder in der Hochsaison einen täglichen Linienverkehr zwischen Hamburg, Cuxhaven, Helgoland sowie den nordfriesischen Inseln. Eine beachtliche Leistung - allerdings mit einem entscheidenden Nachteil: Sylt lag noch ein wenig im Abseits und wurde auf dem Seeweg nur über den Umweg Föhr angesteuert. Es war aber nur noch eine Frage der Zeit, bis der Seebäderdienst direkten Kurs auf Sylt nehmen würde. Schließlich florierte der Badebetrieb in Westerland in ungeahnter Weise: Von Jahr zu Jahr zählte die Kurdirektion mehr Badegäste.

Bis 1917 hatte die Sylter Südbahn in Westerland ihre eigene Station – den Südbahnhof

1. Juli 1901: Der Hamburger Salondampfer „Cobra" legte erstmals in Hörnum an.

1893 war es Heinrich Andresen, Hotelier aus Tondern und Miteigentümer des Nordseebades Wittdün, der sich mit einem Vorschlag an die Ballin'sche Reederei wandte: Er erwog die Anlage einer Seebrücke an der Sylter Südspitze und den Bau einer Kleinbahn, die das abgelegene Gebiet mit der Inselmetropole Westerland verbinden sollte. Ein solches Bauvorhaben auf der damals unbewohnten Halbinsel Hörnum? Wahrlich ein kühner Plan, charakterisierte der zeitgenössische Lyriker Hans Bethge den Sylter Südteil doch wie folgt: „Hörnum – sandig, öde, nichts als blasse Dünen." Es verwundert daher kaum, dass es für die Realisierung eines solch gewagten Projektes zunächst noch an Investoren mangelte.

Die Entwicklung des Sylter Fremdenverkehrs war aber nicht mehr zu bremsen; das Verkehrsaufkommen zur nordfriesischen Insel wuchs stetig. So führte Albert Ballin 1896 eine neue Linie ein, die die Westerländer Badelustigen ohne Schiffswechsel zu ihrer Urlaubsinsel brachte. Die Route dieser neuen Verbindung verlief entlang der gesamten Sylter Westküste, um die Nordspitze herum, bis zum Pander Tief in Höhe von Munkmarsch. Dort mussten die Passagiere wegen des niedrigen Wasserstandes den Hamburger Raddampfer verlassen und auf die kleineren Schiffe der „Sylter Dampfschiffahrt-Gesellschaft" umsteigen, um an ihr Reiseziel zu gelangen.

So richtig glücklich konnte mit dieser Lösung allerdings keiner sein: Die neue Schiffslinie erwies sich nicht nur als umständlich; wegen einiger Untiefen barg sie sogar Risiken. Die logische Konsequenz: Das „Hörnum-Projekt" wurde wieder aus der Schublade hervorgekramt.

Noch im Jahre 1896 startete niemand anderes als Emil Kuhrt, inzwischen Eigentümer der „Sylter Dampfspurbahn", mit den Vorarbeiten für den Bau einer zweiten Sylter Kleinbahn. Die hanseatische Reederei – mittlerweile unter der Bezeichnung Nordseelinien GmbH firmierend – rechnete fest damit, bereits im Sommer 1898 den „Nordseebäderdienst" über ihren Anleger in Hörnum abwickeln zu können.

Doch die Fertigstellung des Bauvorhabens verschob sich fortlaufend. Als „Klotz am Bein" entpuppte sich aus-

In Rantum (hier im Jahr 1902) befand sich anfangs der einzige Zwischenstopp auf der fast 18 Kilometer langen Strecke Westerland - Hörnum.

gerechnet Heinrich Andresen, einst der Ideengeber. Nicht in der Lage, sein Gedankenwerk zu verwirklichen, vertröstete er das Schifffahrtsunternehmen wieder und wieder auf einen späteren Termin. Erst 1900 kam die Nordseelinien GmbH zu folgender Feststellung: „Nachdem wir uns haben überzeugen müssen, dass Andresen die Geldmittel für dieses Unternehmen weder besitzt noch beschaffen kann, mussten wir uns selbst entschließen, den Bau auszuführen." Ärger hatte es offenbar auch mit Emil Kuhrt gegeben. Zumindest leitete nicht er, sondern Friedrich Bergmann, zuvor im Dienst der „Steinhuder-Meerbahn", den Bau und schließlich auch den Betrieb

Inmitten der öden Dünenlandschaft lag der Hörnumer Bahnhof.

der Sylter Südbahn. Ebenso rückte man von den Plänen ab, die neue Kleinbahn in den Bahnhof der Kuhrt'schen „Sylter Dampfspurbahn" einmünden zu lassen. Die Südbahn erhielt in Westerland ihre eigene Endstation, obwohl beide Schmalspurbahnen die selbe Spurbreite von einem Meter aufwiesen.

Am 1. Juli 1901 dann endlich die Premiere: Der Salondampfer „Cobra" machte an der 153 Meter langen Hörnumer Brücke fest. Nur wenige Schritte entfernt wartete

bereits der Dampfzug, mit dem die Fahrgäste in das eindrucksvolle Meer der unzähligen Dünen „abtauchten". Kurz vor Westerland war die besondere Aufmerksamkeit des Lokführers gefragt: „Das Locomotivpersonal wird strengstens angewiesen, innerhalb der vorgeschriebenen Schutzzone der Koje die Dampfpfeife nicht zu benutzen, keine Kohlen aufzuschütten, auch das Feuer nicht aufzuschüren, um dadurch thunlichst jegliche Rauchentwicklung zu vermeiden, und die Fahrgeschwindigkeit zu

Kurz vor Ausbruch des Ersten Weltkrieges entwickelte sich Hörnum in Folge des Fähranlegers zu einem kleinen Ort.

vermindern." Nach 17,7 Kilometern endete die Zugfahrt schließlich im neuen Westerländer Südbahnhof.

Große Folgen hatte der Bau der neuen Kleinbahn für den Sylter Süden, erwachte er doch aus seinem „Dornröschenschlaf". Bis 1901 existierten in der Dünenlandschaft Hörnums - ursprünglich die gesamte südlich von Rantum gelegene Landmasse – nur ein paar armselige Hütten der Strand- und Dünenwärter. Mit der Errichtung des Schiffsanlegers und der Sylter Südbahn setzte ein klei-

ner „Bauboom" ein. Den Anfang machte 1901 das mächtige Empfangsgebäude der Nordseelinien GmbH. Es folgten das Bahnhofsgebäude (1903), ein Wasserturm (1906), der Leuchtturm (1907), zwei Blockhäuser (1911) und das „HAPAG-Haus" (1914). Das Fundament für einen neuen Ort war gelegt. Eigenständige Gemeinde wurde Hörnum aber erst in der Nachkriegszeit, nachdem die Aufrüstung und der Zweite Weltkrieg am Sylter Südende deutliche Spuren hinterlassen hatten.

Die Nordbahn: Das Inselbahnnetz wird vollständig

1891: Die „Sylter Dampfspurbahn" zwischen Munkmarsch und Westerland war gerade drei Jahre alt, da feilte der Westerländer Kurdirektor Dr. Julius Adrian Pollacsek bereits an einer Fortführung der Inselbahn nach Wenningstedt, Kampen und List. Pollacsek schwebte vor, durch den Bau einer weiteren Kleinbahn den kleinen Badebetrieb in Wenningstedt zu fördern. Außerdem wollte er einige Ausflugsziele im Norden für den Tourismus erschließen. Schnell war der Trassenverlauf festgelegt, doch dann verließ Pollacsek überraschend die Nordseeinsel. Der Bau einer Nordbahn musste vorerst zurückgestellt werden.

Zehn Jahre später: Die Badesaison war vorüber. Fast 1000 Kurgäste - fünfmal so viele wie noch 1891 - hatten das Nordseebad Wenningstedt besucht. Auch ein paar Kilometer weiter nördlich, in Kampen, war der Fremdenverkehr inzwischen als wichtige Einnahmequelle entdeckt worden. Die Errichtung eines pompösen Kurhauses am Roten Kliff – es war 1894 – gab das Startsignal für den Badebetrieb in Kampen. Es tat sich also etwas in den beiden Norddörfern. Nur die Verkehrsanbindung der jungen Seebäder verharrte noch in ihren traditionellen Strukturen: Nach wie vor wurden die Wenningstedter und Kampener Gäste mit dem Fuhrwerk vom Fähranle-

Der „Dünen-Express" eroberte 1908 die Lister Dünenlandschaft.

Die Fortführung der Nordbahn nach List war eine technische Herausforderung. Vielfach mussten die Schienen durch Halmanpflanzungen vor Sandflug geschützt werden.

ger in Munkmarsch und neuerdings auch vom Westerländer Südbahnhof abgeholt. Das sollte sich ändern: Forderungen nach einer Schmalspurbahn wurden laut, zumal die erfolgreiche Inbetriebnahme der Sylter Südbahn im Inselnorden nicht unbeachtet geblieben war.

Wenningstedt und Kampen waren sich einig: Eine Nordbahn musste her. Und wer sollte ihren Bau durchführen? Da konnte es nur einen geben – natürlich Emil Kuhrt, nach dem Abgang von Pollacsek bereits der Eigentümer der Ostbahn. Aber nicht nur das: Der Kleinbahn-Experte wurde auch Besitzer und Betreiber der Nordbahn. Bei der Realisierung des Projekts stützte sich Kuhrt im We-

sentlichen auf die bereits 1891 bestimmte Trasse. Lediglich im Bereich von Kampen wurden die alten Pläne ein wenig geändert: Der Bahnhof lag nun zwischen dem Ort und dem neuen Kurhaus und nicht – wie ursprünglich vorgesehen – am Dorfrand. Am 7. Juli 1903 schnaufte endlich der erste Dampfzug über die 5,6 Kilometer lange Strecke, die von Kampen über Wenningstedt nach Westerland führte. Im Hauptort der Insel benutzte die neue Kleinbahn die Gleise und den Bahnhof der Ostbahn. Die Endstation nannte sich fortan – als Pendant zum Endpunkt der Südbahn – Nordbahnhof.

Die „Pionierphase" der Sylter Inselbahn war aber im-

Bahnhof Kampen: Fünf Jahre lang Endstation.

mer noch nicht beendet. Es fehlte noch das Teilstück bis hinauf nach List. Die kleine Ortschaft am Nordende der Insel war zu diesem Zeitpunkt nur per pedes – sei es durch die Dünen oder entlang des Strandes – zu erreichen. Im April 1905 nahm Kuhrt die technischen Vorarbeiten auf. Er hatte Großes vor: Im Norden sollte das Gegenstück zur Südbahn und dem Schiffsanleger in Hörnum entstehen. Zur Begründung seiner Pläne hatte Kuhrt dem Schleswiger Regierungspräsidenten Folgendes geschrieben: „Die Dampfschiffahrt zwischen Hoyerschleuse und Munkmarsch wird von Ebbe und Flut abhängig bleiben. Durch diesen Übelstand sind die nach Hoyerschleuse verkehrenden Bäderschnellzüge, wie die Dampfschiffe, auf einen variablen, und zwar täglich wechselnden Fahrplan mit teilweise recht ungünstigen Ankunfts- und Abfahrtszeiten angewiesen, wodurch der Verkehr auf dem Landwege nach Sylt sehr benachteiligt ist gegen denjenigen auf dem Seewege Hamburg bzw. Cuxhaven-Helgoland-Hörnum-Westerland ... Die Verlängerung der Sylter Dampfspurbahn von Kampen nach List ist notwendig, da bis List die erforderliche Wassertiefe vorhanden ist, um .... unabhängig von Ebbe und Flut, mit ganz erheblicher Verkürzung der Fahrzeit die Dampfschiffe verkehren zu lassen. Die Badegäste werden alsdann von Hamburg über Hoyerschleuse und List nach Westerland auf dem Landwege befördert werden."

Dieses ehrgeizige Vorhaben hatte nur einen Haken: Es blieb Utopie. Allerdings sprachen noch weitere Argumente für den Bau einer Nordbahn-Fortsetzung. So fasste Kuhrt eine Stärkung des Ausflugverkehrs ins Auge. Die neue Kleinbahn sollte einen „leichten Besuch der an eigenartigen Naturschönheiten reichen Nord-

spitze der Insel für die Besucher des Hauptortes Westerland ermöglichen." Dazu zählte der Kleinbahnbesitzer auch die Kampener Vogelkoje, deren Erreichbarkeit er mit einem Haltepunkt im Klappholttal zu verbessern gedacht.

Auch die preußische Regierung schaltete sich ein. Das Bahnprojekt schien aufgrund militärischer Gesichtspunkte interessant zu sein. Immerhin beabsichtigte die Kriegsmarine, einen großen Teil des Listlandes für ihre Zwecke zu nutzen. Aber wie sollte das für den Bau der Militäranlagen notwendige Material in den abgelegenen Norden transportiert werden? Eine Straße gab es noch nicht. Antwort: mit der Bahn. Außerdem dürfte die 1910 vorgenommene Umsiedlung der „Staatlichen Preußischen Austernanlage" von Husum nach List beim Weiterbau der Nordbahn eine Rolle gespielt haben. Schließlich plante man, die „Ernte" mit der Kleinbahn zum Munkmarscher Fähranleger zu bringen.

Kuhrt erhielt im Frühjahr 1906 die Genehmigung für den Bau der 11,3 Kilometer langen Teilstrecke. Der Bau zog sich wegen erheblicher Erdarbeiten, Böschungs- und Dünenbefestigungen in die Länge. Zu ihrer ersten offiziellen Fahrt nach List setzte sich die Nordbahn am 31. Mai 1908 in Bewegung. Damit war das vorerst 38,6 Kilometer umfassende Kleinbahnnetz vollständig. Eine Einheit bildete es aber noch nicht. Und das nicht nur, weil die „Sylter Dampfspurbahn" ihrem Erbauer Emil Kuhrt und die Südbahn der HAPAG gehörte, sondern vor allem aufgrund eines fehlenden Verbindungsstücks zwischen den beiden Endstationen in Westerland - dem Nord- und Südbahnhof. Es gingen noch einige Jahre ungenutzt ins Land, bis eine durchgängige Zugreise von Hörnum nach List möglich werden sollte.

Die Inselbahn in der „Kaiserzeit" (1888-1914)

Ende des 19. Jahrhunderts war Munkmarsch der Knotenpunkt schlechthin. Die Fährschiffe aus Hoyerschleuse, die Raddampfer der W.D.R. und zeitweise auch der Seebäderdienst aus Hamburg - sie alle nahmen Kurs auf die kleine Ortschaft an der Sylter Ostküste. Bleiben wollte dort allerdings kaum jemand; fast alle zog es nach Westerland. Deshalb orientierte sich der Fahrplan der „Sylter Dampfspurbahn" an den in Munkmarsch auslaufenden und ankommenden Dampfern. Ein Plan, der sich aufgrund des tidenabhängigen Schiffsverkehrs fortlaufend änderte, aber auch, weil ab und an Sonderfahrten eingeschoben wurden. Zum Beispiel am 21. Juli 1889, als die Badegesellschaft eine „Lustfahrt mit Musik" nach List unternahm.

Außerhalb der Saison verkümmerten die Verkehrsbeziehungen zwischen Sylt und dem Festland. Lediglich die SDG hielt den Fährbetrieb von Munkmarsch nach Hoyerschleuse und umgekehrt aufrecht - mit einer täglichen Überfahrt je Richtung. Allerdings nur, wenn es die Witterungsverhältnisse zuließen: Bei Eisgang, Sturmflut oder starkem Ostwind ging nichts mehr, dann wurde der Fährbetrieb eingestellt. Kein Wunder also, dass im Herbst 1888 auch das Fahrgastaufkommen der Ostbahn stark zusammenschmolz; der Betrieb der Kleinbahn war nun alles andere als rentabel. Für Dr. Julius Adrian Pollacsek Grund genug, seiner Kleinbahn bis zum nächsten Frühjahr eine Pause zu gönnen. Es gab nur ein Problem: die vom Staat verliehene Konzession, die einen ganzjährigen Betrieb vorschrieb. Aber der Westerländer Kurdirektor fand einen Ausweg, indem er die Dampflok durch Pferde ersetzen ließ. Die Pferdebahn fuhr allerdings nicht lange - nämlich nur bis 1892, als Emil Kuhrt die „Sylter Dampfspurbahn" erwarb. Der neue Eigentümer bevorzugte auch im Winter die Dampfkraft.

Die Beförderungsleistung der Ostbahn blieb in den kühlen Monaten aber weiterhin bescheiden - ganz im Gegensatz zum Verkehr in der Hochsaison. Immer mehr Kurgäste - kurz vor dem Ersten Weltkrieg waren es fast 40 000 - entschieden sich für einen Besuch der Sylter Nordseebäder. Eine Entwicklung ganz zum Wohle der Inselbahn. Selbst eine spürbare Erhöhung der Fahrpreise im Jahre 1904 konnte diesen Trend nur kurzfristig aufhalten, auch wenn Kuhrt zunächst notierte: „Durch die hohen Preise scheuen sich die in Westerland anwesenden Badegäste, Verwandte und Bekannte schon bei der Ankunft des Schiffes in Munkmarsch in Empfang zu nehmen oder bei der Abreise von Westerland nach Munkmarsch zu begleiten."

Aber nicht nur die Ostbahn, auch die weiteren Schmalspurbahnen, die sich zwischen 1901 und 1908 in das Landschaftsbild der Nordseeinsel einfügten, waren Nutznießer des günstigen „Kleinbahn-Klimas". So erfuhr die Südbahn eine Aufwertung, als der Seebäderdienst 1905 von der HAPAG („Hamburg-Amerikanische Packetfahrt-Aktiengesellschaft") übernommen wurde. Noch im selben Jahr steuerte die große Hamburger Reederei die Sylter Südspitze mit ihren „Giganten" an, darunter der erste deutsche Turbinendampfer „Kaiser". Ein „Wunderwerk der Technik", das immerhin 2000 Passagieren Platz bot. Die einmal täglich in Hörnum eintreffenden HAPAG-Dampfer wurden von der Südbahn bedient, genauso wie die kleinen Ausflugsschiffe, die der Nachbarinsel Amrum regelmäßige Besuche abstatteten.

Die Südbahn war aber mehr als eine „Schiffslinie im Dünenmeer". Gerne wurde sie von den Urlaubern auch

Die Abfahrt der Dampfspurbahn war für Fahrgäste und Passanten immer ein Ereignis.

Mit stolzgeschwellter Brust ließen sich um 1890 herum die Mitarbeiter und der Eigentümer der Dampfspurbahn, Dr. Julius Adrian Pollacsek (Zweiter v.r.), fotografieren.

Eine frühe Ansicht
des Westerländer Südbahnhofs, gemalt von Wladimir Linde.

zu Ausflugszwecken benutzt. Unter Schaulustigen entwickelten sich die großen Kähne des Seebäderdienstes schnell zum „Renner der Saison"; die Betriebsleitung der Südbahn reagierte mit Sonderzügen. Beliebt waren auch die Bälle an Bord der Raddampfer. Die Südbahn zeigte sich dabei für zwei Dinge verantwortlich: Sie brachte das gutgelaunte Publikum nach Hörnum und später wohlbehalten zurück – ins Bett.

Eine weitere Attraktion war die „Fahrt in die Dünen", vor allem nachdem 1904 die Haltepunkte Eidum-Vogelkoje, Rantum-Vogelkoje, Gross-Vlie und Kladdigdähl eingerichtet worden waren. Ein nördlicher Gegenpol zu den Hörnumer Dünen entwickelte sich ab 1908, als der „Dünen-Express" auch durch das Listland schnaufte. In nur 45 Minuten konnte man nun von Westerland zum einst „unerreichbaren" Nordende reisen.

Wenn der Sommer vorbei war, wurde es ruhig auf Sylt. Die Inselbahn verkehrte nur noch sporadisch. Gerade ein Zugpaar am Tag fuhr auf den Gleisen der Ostbahn. Die Fahrpläne der Nord- und Südbahn fielen sogar noch dünner aus. Nur einmal in der Woche ratterte die Südbahn von Westerland nach Hörnum und wieder zurück. Zusätzlich startete jeden vierten Sonnabend um 10 Uhr – vornehmlich um die Versorgung der dort ansässigen Bevölkerung zu sichern – in Hörnum ein Extrazug, der nachmittags wieder am Südende eintraf. Im Norden herrschte eine ähnliche Stille: Ein bis zwei Güterzüge – das reichte im Winter. Personen durften bei Bedarf jedoch mitfahren.

Trotz oder gerade wegen des saisonabhängigen Betriebs gedieh das Eisenbahnwesen auf Sylt in den Jahren bis zum Ersten Weltkrieg prächtig. Das Fahrgastaufkommen – der Güterverkehr kann für die erste Phase getrost vernachlässigt werden – kletterte immer weiter in die Höhe. Krisensymptome waren nahezu unbekannt. Nur der überraschende Tod von Emil Kuhrt, der am 22. August 1909 im Alter von nur 60 Jahren einem Herzleiden erlag, verursachte Unklarheiten: Wie sollte es mit Ost- und Nordbahn ohne ihren Eigentümer weitergehen?

Ausgerechnet jetzt propagierte die Sachsenwerk AG ein Straßenbahnnetz, das „alle in strategischer als auch in wirtschaftlicher Hinsicht bedeutenden Plätze auf Sylt" verknüpfen sollte. Zufall oder steckte mehr dahinter? Der Königliche Landrat von Tondern zumindest witterte hinter diesem Vorschlag eine „Gruppe von Kapitalisten", die auf Kuhrts Erben nur Druck ausüben wollten, um einen möglichst schnellen und günstigen Kauf der Kleinbahn zu erzwingen.

Wie dem auch sei: Gegen eine Zahlung von 700 000 Mark ging die „Sylter Dampfspurbahn" 1910 in den Besitz der „Sylter Dampfschiffahrt-Gesellschaft" über – ebenso die Konzession für den Betrieb. Der Posten des Betriebsdirektors blieb aber in der Familie Kuhrt: Carl, Bruder des Verstorbenen, übernahm dieses Amt, bis er 1917 nach einer insgesamt 25-jährigen Tätigkeit bei der „Sylter Dampfspurbahn" aus Altersgründen ausschied. Übrigens: Der Bau einer Straßenbahn wurde nie wieder in Erwägung gezogen.

Der Erste Weltkrieg und das „fehlende Glied" (1914-1918)

Der blühende Badebetrieb der Kaiserzeit fand auf Sylt ein jähes Ende, als Anfang August 1914 der Erste Weltkrieg ausbrach. Sylt wurde wie viele andere Nordseeinseln zum militärischen Sperrgebiet erklärt, da das Militär gerade für die vorgelagerten Inseln eine britische Invasion befürchtete. Soldaten füllten nun Hotels und Pensionen. Kasernen entstanden auf dem Ellenbogen, an der Vogelkoje, im Klappholttal, in List, Rantum, Puan Klent und Hörnum.

Dementsprechend ergab sich für das Verkehrswesen,

das bislang hauptsächlich Touristen beförderte, eine neue Funktion: Es diente jetzt ausschließlich militärischen Zwecken. Während die Fährschiffe Truppen, Kriegsmaterial und Baustoffe nach Sylt schafften, wurden die Sylter Inselbahnen für den Transport von Baumaterial eingesetzt. Der Kleinbahn-Betrieb blieb aber in ziviler Hand, wenngleich die Militärverwaltung berechtigt gewesen wäre, den Eisenbahnverkehr selbst zu leiten.

Das Gleisnetz auf Sylt wuchs während der Kriegsjahre enorm: Zahlreiche Stich- und Anschlussgleise sorgten

Die Sylter Nordbahn.

dafür, dass Kasernen und Geschützstellungen an die Inselbahnen angebunden wurden. Fast alle neuverlegten Schienen verschwanden nach Kriegsende aber wieder. Bis auf zwei Ausnahmen: Die eine war die am 16. März 1918 fertiggestellte Kleinbahn von Westerland nach Keitum, damals Standort mehrerer Verpflegungsmagazine und eines Lazaretts. Allerdings blieb diese Strecke nur bis 1923 bestehen – aber dazu an anderer Stelle mehr.

Bereits im Sommer 1916 war es zu einem anderen Eingriff in das Sylter Inselbahnnetz gekommen. Ein Eingriff mit großer Tragweite: das Verbindungsstück zwischen Südbahn und „Sylter Dampfspurbahn". Das „fehlende Glied" garantierte die reibungslose Verlagerung von Truppen und Material. Der nur wenige hundert Meter lange Abschnitt war ein „Meilenstein" in der Geschichte der Sylter Inselbahn: Endlich bestand die Möglichkeit, ohne Unterbrechung von einem Ende der Insel zum anderen zu reisen. Schon zum 1. Januar 1917 einigten sich die Inselbahngesellschaften auf eine Kooperation: „Zur Wahrung der gemeinsamen Interessen, vor

16. Februar 1916: Die Sylter Südbahn entgleist bei Hörnum.

allem zur Verbilligung der laufenden Ausgaben, sollen die Betriebe der Sylter Südbahn und der Sylter Dampfspurbahn miteinander vereinigt werden." Aus dem Nord-

bahnhof wurde „der Zentralbahnhof der vereinigten Sylter Kleinbahn". Zu einer Fusion beider Gesellschaften kam es aber erst einige Jahrzehnte später.

16. Februar 1916: Fototermin fürs Familienalbum im sonst so ruhigen Sylter Süden.

Die Inflation – einmal List für 54 000 Mark (1918-1924)

1918 war wieder Frieden. Aufbruchstimmung herrschte bei den Betreibern der Inselbahn dennoch nicht. Als zu krisenhaft entpuppten sich die ersten Jahre der Weimarer Republik. Die Wirtschaft lag am Boden, der Fremdenverkehr wies eine rückläufige Tendenz auf, und das Verkehrswesen hatte schwere Zeiten durchzustehen. Ein regelmäßiger Verkehr konnte kaum bewerkstelligt werden. Das galt auch für die Sylter Inselbahnen, deren Betrieb unter einem akuten Kohlenmangel litt und die nur noch selten die Ruhe in der beschaulichen Sylter Dünenlandschaft störten. Dadurch geriet vor allem die Gemeinde List in eine Isolation von den übrigen Inselorten. Nur ein Beispiel: Im März 1920 musste die Lister Delegation die Teilnahme an einer Besprechung aller Inselgemeinden absagen – der Grund: die ungünstige Bahnverbindung.

Das Inselleben krankte aber nicht nur aufgrund ungünstiger ökonomischer Vorzeichen, auch die politischen Konsequenzen des Friedensvertrages von Versailles machten Sylt schwer zu schaffen. Die neue Grenzlinie schob sich zwischen Nordseeinsel und den Festlandshafen Hoyerschleuse. Eine schwere Belastung für Sylt, drohten doch die strengen Pass- und Visavorschriften den Bäderverkehr im Keim zu ersticken. Zum Glück verständigten sich die politisch Verantwortlichen auf den „dänischen Korridor", durch den der Eisenbahnverkehr ohne „Passzwang" geführt wurde. Der Sylter Fremdenverkehr erwachte Anfang der zwanziger Jahre zu neuer Betriebsamkeit – und damit auch die Sylter Inselbahn.

Doch Anlass zur Entwarnung bestand nicht. Sylt, wie auch der Rest der Republik, wurde schon bald von den chaotischen Zuständen der Inflationszeit erfasst. Die Geldentwertung nahm rasante Formen an, und die Tarife der Nordbahn schnellten unaufhörlich in die Höhe. Am 1. August 1923 kostete eine Fahrt von Westerland nach List bereits 54 000 Mark. Bis zur Einführung der „Rentenmark" am 15. November 1923 schossen die Fahrpreise noch ins Astronomische. Das „Spielchen" mit den riesigen Zahlen war aber nur die „heitere" Seite der galoppierenden Inflation. Insgesamt drängten die Ereignisse von 1923 die Sylter Inselbahnen an den Rand des Abgrunds.

Schon zu Beginn des Jahres geriet die SDG in den dunkelroten Bereich. Das Unternehmen sah sich dazu gezwungen, die unrentabelsten Teile ihres Betriebs abzustoßen, um zumindest den Fortbestand des Fährverkehrs zu gewährleisten. Am 10. Februar fiel die Entscheidung – gegen die Nordbahn: „Unsere katastrophale Geschäftslage zwingt uns, den Zugbetrieb für Personen, Stückgut und Postverkehr auf der Kleinbahnstrecke ab heute einzustellen." Auf Druck des Regierungspräsidenten in Schleswig nahm die Nordbahn zum 7. März aber wieder ihren Betrieb auf – allerdings nur mit einem Zugpaar in der Woche. Die Reichsmarine hatte ihr Interesse an der Kleinbahn nach List bekundet. Auch das Jugenderholungsheim in Klappholttal war an den Regierungspräsidenten herangetreten, weil die Nordbahn für die in den Dünen versteckte Herberge eine „unbedingte Notwendigkeit" war.

Die Krise des Sylter Kleinbahnwesens war damit längst noch nicht überwunden. Als nächstes traf es die erst während des Ersten Weltkrieges gebaute Kleinbahnstrecke Keitum-Westerland. Stilllegung hieß die Losung. Die Schienen wurden abgebaut und verkauft. Mit dem Erlös von 96 Millionen Mark konnten rückständige Löhne ausbezahlt, Schulden getilgt und Kohlen be-

Sylter „Wüsten-Szene" mit dampfender Nordbahn.

schafft werden. So war die SDG – und damit auch Nord-
und Ostbahn – zumindest in der Lage, für die kommende Sommersaison einen Notfahrplan zu erstellen.

Auch im Süden der Insel geschah 1923 wenig Gutes.
Zunächst wurde auf die Ankunft der HAPAG-Dampfer
vergeblich gewartet, da die Hamburger Reederei ihren
Seebäderdienst für diese Saison ausgesetzt hatte. Dann
ruhte auch der Verkehr der Südbahn. Auf Wunsch der

Leitung des Jugendlagers in Puan Klent, das wie das Kin-
derheim in Klappholttal nur durch die Inselbahn mit
der Außenwelt Kontakt pflegte, erklärte sich die HAPAG
jedoch bereit, je nach Bedarf zwei oder drei Züge in der
Woche von Westerland nach Hörnum verkehren zu lassen.

Zurück in den Norden: Der Badebetrieb brachte keine Entspannung. Die Sylter Urlaubsorte wurden nur

Trotz Sturmflut setzt die Südbahn bei Rantum ihre Fahrt unbeirrt fort.

schwach besucht; die Züge der Nord- und Ostbahn pendelten kaum besetzt hin und her. Unter diesen Umständen entschied sich die SDG am 17. September 1923 erneut für eine vorläufige Einstellung des Nordbahnbetriebs. Der SDG-Vorstand erwog sogar ernsthaft, den Streckenabschnitt Kampen-List abzureißen, um das Unternehmen durch den Verkauf der Schienen zu sanieren. Die HAPAG liebäugelte für ihre Südbahn mit einer

ähnlich radikalen Lösung. Die Sylter Inselbahn stand vor dem „Aus".

Eine Frage muss leider unbeantwortet bleiben: Was geschah weiter? Die Antwort verliert sich im Dunkeln der Geschichte. Nur so viel steht fest: Das Ende der Sylter Inselbahn konnte abgewendet werden. 1924 setzte sich die Nordbahn wieder in Bewegung, und vor Hörnum ließen sich wieder die HAPAG-Dampfer blicken.

Der „neue Weg" – das Ende der Ostbahn (1924-1934)

1928 wurde ein Güterzug für den Bau einer Auffahrt zum neuen Westerländer Güterbahnhof bei Dikjen Deel mit Sand beladen.

„Sylt hat aufgehört eine Insel zu sein!" Diesen passenden Ausspruch formulierte Reichsverkehrsminister Koch anläßlich der Einweihung des Hindenburgdammes. Es war der 1. Juni 1927 – ein Tag, der das Leben auf Sylt nachhaltig veränderte. Die periphere Lage der Insel gehörte der Vergangenheit an. Die deutschen Metropolen rückten näher heran, und Niebüll war über den „neuen Weg" in nur einer halben Stunde zu erreichen.

Bis dahin musste für einen Besuch der Kreisstadt Südtonderns noch ein Tagesausflug eingeplant werden.

Am 1. Juni 1927 schloss sich auch ein Kapitel der Sylter Verkehrsgeschichte – das der SDG. Die Fährschiffe waren nach der Einweihung des Eisenbahndamms überflüssig geworden, ebenso die „Fähre auf dem Land", die Sylter Ostbahn. Im Laufe des Jahres 1928 wurde der Schienenstrang abgebrochen. Von der einst so großen

Der Tag, an dem Sylt aufhörte eine Insel zu sein: Reichspräsident Paul von Hindenburg mit Gefolge auf dem Weg nach Westerland.

SDG blieb nur die Nordbahn übrig. Um den Fortbestand der Kleinbahn zu sichern, war bereits am 26. März 1926 die Sylter Inselbahn AG aus der Taufe gehoben worden. Ein für die Nordbahn lebensnotwendiger Schritt. Schließlich war es schon zu diesem Zeitpunkt beschlossene Sache, dass ihr bisheriger Eigentümer mit der Einstellung des Fährbetriebs im Juni 1927 in Liquidation gehen würde. Die neue Gesellschaft startete mit einem Grundkapital in Höhe von 200 000 Mark, erzielt durch die Ausgabe von 2000 Aktien. Den Vorstand bildeten Oscar Meyner und Friedrich Iwersen - zwei Sylter, von denen der eine, nämlich Iwersen, bis zum Ende der dreißiger Jahre als Betriebsdirektor fungierte. Und das nicht nur für die Nord-, sondern auch für die Südbahn, die die SDG mit Wirkung zum 1. Januar 1924 von der HAPAG gepachtet hatte.

Eine jubelnde Menge bereitete dem Reichspräsidenten in Westerland einen großen Empfang.

Paul von Hindenburg macht sich auf den Weg nach Sylt.

Die Übertragung des Pachtvertrages auf die Sylter Inselbahn AG war nicht ganz reibungslos verlaufen, da sich zwischen der Sylter und der Hamburger Reederei ein Streit um die Besitzrechte an einigen Bahnbauten in Westerland entzündet hatte. Erst am 5. Februar 1929 waren die Differenzen beseitigt, sodass Sylter Inselbahn AG und HAPAG rückwirkend zum 1. Januar einen neuen Pachtvertrag vereinbarten, der in groben Zügen seinem Vorgänger glich.

Zu tun hatten die Inselbahner nun reichlich; der Verkehr auf der Insel hatte mit dem Bau des Hindenburgdammes deutlich zugenommen. Die Nordbahn fuhr so oft wie nie zuvor; die AG schrieb tiefschwarze Zahlen. Von der Inflationszeit war nichts mehr zu spüren. Selbst die Weltwirtschaftskrise machte sich auf Sylt nur ansatzweise bemerkbar. Zwar beklagte sich die Sylter Inselbahn AG Ende 1931 über einen allgemein rückgängigen Personenverkehr, der die Betriebsführung zu einer unpopulären Maßnahme zwang: „Um den abnehmenden Personenverkehr zu heben, haben wir beschlossen, eine Senkung der Fahrpreise [um 20 Prozent] ... eintreten zu lassen." Dank der festen Bahnverbindung sank der Besuch der Insel und damit der Zuspruch der Sylter Inselbahn aber nicht unter das Niveau von 1926 und früher.

Allerdings vertraute das Unternehmen seit dem 15. Mai 1929 nicht mehr allein der Schiene. Dieses Datum steht für die Aufnahme des Omnibusverkehrs, der nun täglich zwischen Westerland, Wenningstedt und Kampen pendelte. Der Vorteil der Kraftfahrzeuge: Sie verursachten die niedrigeren Betriebskosten. Ein Trend der Nachkriegszeit – von der Schiene auf die Straße – deutete sich damit bereits an.

Und was tat sich im Süden? Dort wurden ebenfalls positive Bilanzen gezogen, auch wenn der Verkehr der Sylter Südbahn deutlich dem der Nordbahn hinterherhinkte. Der Grund: Der Seebäderdienst genoss in der unruhigen Zwischenkriegszeit nie die Popularität wie noch in der Kaiserzeit.

Personen- und Güterverkehr in der „Festung Sylt" (1935-1945)

1935: Es war nicht mehr zu übersehen, dass sich auf Sylt einiges änderte. Die Aufrüstungspläne der Nationalsozialisten formten die strategisch wichtige Insel wieder in eine militärische Festung um. Militärbauten übersäten den Nordzipfel des Deutschen Reiches. Die Luftwaffe baute den Westerländer Flugplatz aus. In List, Hörnum und Rantum (Rantum-Becken) entstanden Seefliegerhorste. Die Inselkonjunktur boomte, und Sylt erlebte einen rapiden Bevölkerungszuwachs.

Von dieser Entwicklung blieb das Eisenbahnnetz auf Sylt nicht unberührt. Zahlreiche Stichbahnen, beispielsweise bei List, durchschlängelten nun die Insellandschaft. Neue Haltepunkte fügten sich zwischen 1936 und 1938 in den Fahrplan der Inselbahn ein – vornehmlich dort, wo Kasernen aus dem Boden geschossen waren. Die Stationen hießen Blidsel, Dikjen Deel, Rantum-Nord, Rantum-Seeheim und Hörnum-Nord. Zudem verlegte die Luftwaffe den Bahnhof in List ein kleines Stückchen nach Süden.

Auch der Verkehr auf den Gleisen wandelte sich in den dreißiger Jahren enorm; die Inselbahn hatte eine neue Bestimmung – und die hieß: Güterverkehr. Noch im April 1930 hatte es danach überhaupt nicht ausgesehen. Damals kam die Sylter Inselbahn AG zu folgendem Schluss: „Durch den Verlust unserer Hauptstrecke Munkmarsch-Westerland hat der Frachtverkehr an unserer Kleinbahn so sehr abgenommen, dass es sich nicht mehr lohnt, in Westerland dafür eine besondere Güterabfertigung zu unterhalten." Gepäck- und Güterabfertigung wurden am Empfangsgebäude zusammengelegt. Fünf Jahre später entsprangen mehr als 50 Prozent der Einnahmen der Sylter Inselbahn AG dem Güterverkehr. Dieser Strukturwandel stellte das Unternehmen vor ei-

ne echte Nagelprobe, wie der Reichsbevollmächtigte für Bahnaufsicht in Altona, Dr. Goudefroy, beobachtete: „Dieser .... erhebliche Mehrverkehr stellte Anforderungen an die Kleinbahn, denen sie bei ihrem bescheidenen Personal- und Fahrzeugbestand bei weitem nicht gewachsen war. Um diesem Verkehr einigermaßen gerecht zu werden, hat die Kleinbahn alsbald ihren Personalbestand erhöht und ihren Lokomotiv- und Wagenpark aufgefüllt." Vor der Modernisierung hatten sich zum Teil noch Loks und Waggons aus der ersten Dekade des Jahrhunderts auf den Gleisen der Inselbahn bewegt.

Auch der Personenverkehr expandierte in jener Zeit rasch. So registrierten die Statistiker 1938 für die Nordbahn 392 394 Fahrgäste - fast viermal so viele wie fünf Jahre zuvor. Allerdings hatten billige Militärfahrkarten starken Anteil an diesem Zuwachs, sodass die Einnahmen nicht so rasant wuchsen wie die Fahrleistung der Inselbahnen.

Der Ausbruch des Zweiten Weltkriegs stellte für Sylt einen tiefen Einschnitt dar. Die Nordseeinsel wurde erneut militärisches Sperrgebiet; der Badebetrieb in den Sylter Kurorten ruhte bis 1946. Dem Verkehr der Inselbahn fehlten die ausgeprägten Spitzenzeiten der Hochsaison - mit der Folge, dass sich das hauptsächlich aus militärischen Zwecken resultierende Fahrgastaufkommen über das gesamte Jahr mehr oder weniger gleichmäßig verteilte. Der Betrieb wurde diesen neuen Bedingungen angepasst: Ganz egal ob Winter oder Sommer, stets waren gleich viel Züge im Einsatz. Ein Einheitsplan für zwölf Monate? Das hatte es bei der Inselbahn noch nicht gegeben, und das sollte sich auch in der Nachkriegszeit nicht wiederholen.

Der alte Lister Bahnhof
musste den Interessen der Luftwaffe weichen.

Die schwere Sturmflut von 1936
unterbrach für einige Tage den Verkehr der Inselbahn.

Das Auf und Ab der ersten Nachkriegsjahre (1945-1951)

Fast ein halbes Jahrhundert war vergangen, aber noch immer waren Nord- und Südbahn zwei formell voneinander unabhängige Kleinbahnen. Das änderte sich auch nach dem Zweiten Weltkrieg zunächst nicht: Während die Nordbahn der Sylter Inselbahn AG gehörte, wurde ihr Gegenstück von der Oberfinanzdirektion Kiel treuhänderisch verwaltet. Grundbuchmäßig befand sich die Südbahn sogar noch im Eigentum der Luftwaffe des Deutschen Reiches. Diese hatte die Kleinbahn 1940 für 800 000 Mark von der HAPAG gekauft, nachdem das hanseatische

Schifffahrtsunternehmen den Seebäderdienst „vorübergehend eingestellt" hatte. Der neue Eigentümer und die Sylter Inselbahn AG hatten sich darauf geeinigt, den Betrieb wie gewohnt fortzuführen. Bei dieser Konstellation blieb es vorerst, da als erstes ein notdürftiger Verkehr auf die Beine gestellt werden musste. Auf einem Gleisnetz, das mit dem der Vorkriegszeit identisch war, nachdem alle militärischen Stichbahnen umgehend wieder abgerissen worden waren.

Die Ausgangslage erwies sich nicht gerade als ideal:

Innenansicht eines Inselbahn-Wagens.

1. August 1951: Mit zunehmender Bedeutung des Automobils häuften sich die Unfälle.

Der Fuhrpark war ziemlich ramponiert; erst 1947 wurden die notwendigen Ersatzteile beschafft. Bis dahin überbrückte die Inselbahn den Engpass mit englischen und belgischen Loks. Dennoch waren die ersten Nachkriegsjahre eine erfolgreiche Phase. Vor allem der Personenverkehr erreichte eine nie gekannte Stärke. In Zahlen ausgedrückt: 1947 beförderte die Nordbahn 746 675 Fahrgäste, die Südbahn nur geringfügig weniger. Absolute Rekordwerte in der Geschichte der Sylter Inselbahn!

Die Ursache für diese traumhaften Ergebnisse war schnell auszumachen: Ein kräftiger Flüchtlingsstrom hatte die Inselbevölkerung auf rund 25 000 Köpfe in die Höhe schießen lassen. Der Großteil der „Neu-Insulaner" wurde in den ehemaligen Kasernen einquartiert - abseits von Westerland. Als „Bindeglied" zwischen Notunterkünften und Inselhauptort profitierte die Inselbahn von diesem Bevölkerungszuwachs, wie ein zeitgenössischer Beobachter feststellte: „In den Nachmittagsstunden ist die von Westerland kommende Inselbahn brechend voll.

Scharenweise strömen die Menschen bei Dikjen Deel, Rantum-Seeheim, Hörnum-Nord, aber auch in Kampen und List in die weiträumigen Kasernenblocks und Barackenunterkünfte." Daneben gab es noch einen zweiten Grund, weshalb die Sylter Inselbahn in der frühen Nachkriegsära einen Aufschwung erlebte: Die Fremdenverkehrsbranche schlug nach der kriegsbedingten Unterbrechung wieder zarte Blüten. Allerdings erlitt der Neuanfang der „weißen Industrie" schon bald einen empfindlichen Dämpfer, und zwar in Gestalt der Währungsreform, die im Juni 1948 in Kraft trat. Zunächst mit negativen Auswirkungen: Die Touristenströme auf Sylt schwächten sich merklich ab, und die Sylter Inselbahn verwandelte sich in ein defizitäres Unternehmen. Um ihren Betrieb auf einem gewissen Niveau halten zu können, war die Sylter Inselbahn AG sogar auf staatliche Zuschüsse angewiesen. Die Situation entspannte sich erst zu Beginn der fünfziger Jahre - hauptsächlich dank des umfangreichen Personenverkehrs.

Ein Sylter Original erobert die Schiene (1952-1959)

1952 kam es zu einem großen Einschnitt in der Entwicklung des Sylter Verkehrswesens: Die „Sylter Verkehrsgesellschaft mbh" (SVG) wurde gegründet. Die neue Gesellschaft, deren Alleininhaber 1956 Ruy Prahl wurde, schluckte das Eigentum der Sylter Inselbahn AG. Auch die Firma Jürgensen, die zwischen Wenningstedt, Braderup, Munkmarsch, Keitum und Tinnum einen Omnibusverkehr betrieben hatte, ging in dem neuen Unternehmen auf. Als letztes - es war 1953 - erwarb die SVG die Südbahn von der Oberfinanzdirektion Kiel. Damit war der gesamte öffentliche Personennahverkehr (ÖPNV) auf Sylt in der Hand einer Gesellschaft. Aber nicht nur das: Endlich bildeten Nord- und Südbahn auch im juristischen Sinne eine Einheit.

Die neue Gesellschaft machte sich sofort daran, den Fahrzeugpark der Inselbahn zu modernisieren. Die Dampfloks gehörten der Vergangenheit an. Ihnen folgte ein Sylter Kuriosum: der „Leichttriebwagen" (LT). Er war nichts anderes als ein abgeänderter Sattelschlepper der Bremer Automobilfirma Borgward. Fünf Exemplare hatte die SVG zwischen 1952 und 1954 von diesem Modell gekauft und schienengerecht umgebaut. Der Zugmaschine verpasste man Eisenbahnachsen und einen Auflieger für den Fahrgastraum. Fertig war die neue Inselbahn!

Ruy und Vera Prahl
führten ab Mitte der 50er Jahre die Geschicke der Inselbahn.

Am 5. Oktober 1952 erfolgte die Jungfernfahrt des ersten „Nivea-Schnellzugs". In den nächsten Monaten bewährten sich diese eigenartigen Triebwagen. Sie entpuppten sich als winterfest, waren resistenter gegen den Sand der Dünen und – was das Wichtigste war - sicherten einen kostengünstigeren Betrieb. Aber ganz ohne Nachteil war auch das neue „Schienenwunder" nicht: An den Endpunkten in List, Westerland und Hörnum mussten Drehscheiben eingerichtet werden, da die Wagen nicht rückwärts fahren konnten. Aus demselben Grund musste für einzelne Sonderfahrten, beispielsweise zu den Kinderheimen in Rantum oder Klappholttal, auf Dieselloks zurückgegriffen werden.

So entschlossen die Modernisierung des Fuhrparks vorangetrieben wurde, so zurückhaltend verhielt sich die neue Verkehrsgesellschaft bei der Unterhaltung und Erneuerung der Gleisanlagen, was sich rund 15 Jahre später bitter rächen sollte.

Doch zunächst zurück in die „goldenen" Fünfziger, die für den Betrieb der Sylter Inselbahn einen Höhepunkt

brachten. Nie wurde eine höhere Zugdichte erreicht als in jener Dekade. Während der Sommermonate 1959 sausten durchschnittlich 30 Schienenbusse täglich durch die Dünenwelt des Sylter Nordens. Im Süden war es ein Zugpaar weniger. Der ausgeweitete Betrieb war vornehmlich ein Verdienst der rentablen Leichttriebwagen. Weitere positive Impulse ergaben sich 1957 aus der formellen Umwandlung der Sylter Inselbahn in eine Straßenbahn. Dadurch durfte auf Signalisierung und Zugleitverfahren verzichtet werden. Das Resultat: Die SVG drosselte ihre Betriebskosten weiter.

Die Umkonzessionierung hatte aber auch ihre Schattenseiten: Die Zusammenstöße mit dem Straßenverkehr häuften sich. Um die Sicherheit wieder zu erhöhen, wurde die Geschwindigkeit des Schienenverkehrs an manchen Stellen auf Schrittempo herabgesetzt. Außerdem gab Ruy Prahl den in die Bedeutungslosigkeit abgesunkenen Güterverkehr auf. Ein Tribut, den die Inselbahn der immer stärker werdenden Konkurrenz auf der Straße zollen musste.

Ein für die Sylter Schienen umgebauter Borgwardsattelschlepper verlässt Hörnum.

Der LT 4 macht Station in Westerland.

Der LT 4 in den Lister Dünen.

Die 50er Jahre waren gute Jahre für die Sylter Verkehrsgesellschaft.

Der LT 2 auf der Drehscheibe am Endbahnhof in List.

Der LT 5 in List.

1957 wurde der Güterverkehr der Inselbahn aufgegeben.

Im Winter waren die Gleise der Inselbahn extrem witterungsanfällig.

Der LT 5 auf der Drehscheibe in Hörnum.

Zwei Varianten der 60er Jahre: der T 24 und der LT 2 (unten).

Zwei Stationen der Inselbahn: Wenningstedt und Hörnum (unten).

Der LT 5 fährt in List ein.

Der LT 3 vor der Abfahrt.

Die Inselbahn verlässt List.

Diese Flachdachbauten zieren zum Teil bis heute den Ortseingang von List.

Wer ist hier der Sieger? Langfristig behielt der Straßenverkehr im Wettbewerb mit der Inselbahn die Oberhand.

Das Ende der Sylter Inselbahn (1960-1970)

In den sechziger Jahren wehte der Sylter Inselbahn eine steife Brise entgegen. Allein zwischen 1957 und 1967 verlor der Schienenverkehr 32 Prozent seiner Fahrgäste. Zum Vergleich: Im selben Zeitraum war die Zahl der Touristen – und damit das Potenzial an Fahrgästen – um 17 Prozent gestiegen. Was folgt daraus? Die Bahn rangierte bei den Insulanern und Touristen nicht mehr an erster Stelle unter den Fortbewegungsmitteln. Die Spitzenposition gebührte nun dem Individualverkehr und speziell dem Pkw.

Ausgerechnet die Deutsche Bundesbahn war es, die einen Geistesblitz „vergoldete", ihren Kollegen von der Sylter Inselbahn damit aber schwer zu schaffen machte. Die Rede ist von den Autozügen, die erstmals im Zweiten Weltkrieg über den Hindenburgdamm rollten. Damals hatte die deutsche Wehrmacht ihre Fahrzeuge auf Flachwagen zwischen Sylt und dem Festland hin und her verschoben. Der Bundesbahn war es später vorbehalten, diese Idee auch für zivile Zwecke zu nutzen. Mit Erfolg: Der „Auto-Shuttle" zwischen Niebüll und

Das Ende der Sylter Inselbahn hinterließ in Westerland eine Schrottwiese.

Eines der wenigen Überbleibsel der Inselbahn.

Westerland etablierte sich zu einer festen Größe – vor allem nachdem 1961 die sogenannte „Westerland-Einheit" (drei Doppelstockwagen für Pkw plus sieben Flachwagen für Busse, Lastwagen und Wohnwagengespanne) eingeführt worden war. 1967 gelangten mit der Bundesbahn bereits fast 200 000 Kraftfahrzeuge in beiden Richtungen über den Damm. Eine gewaltige „Autolawine", die da auf Sylt zuschwappte. Die Insel antwortete

mit einem Ausbau der Infrastruktur. Jetzt erhielten selbst die abgelegenen Gebiete Sylts eine gute Straßenanbindung: 1969 wurde die Straße von Rantum nach Hörnum auf zwei Spuren verbreitert. Auch nach List, das bis dahin lediglich durch eine keineswegs gradlinige Betonstraße erschlossen war, wurde eine bessere Straße gebaut. Sogar zum Nordseeheim Klappholttal, lange nur mit der Inselbahn erreichbar, führte nun eine Stichstraße.

29. Dezember 1970: der T24 kurz vor dem Start zur letzten Fahrt.

Am allgemeinen Trend zugunsten der Straße kam auch die Sylter Verkehrsgesellschaft nicht vorbei. Ihre Betriebspolitik stützte sich immer mehr auf den Omnibus. Besonders deutlich zeigte sich dies im Winterhalbjahr: Während die Busse immer häufiger die einzelnen Inselorte anfuhren, ließ sich die Inselbahn in ihren Bahnhöfen im Laufe der Jahre immer seltener blicken. Ende der Sechziger machte sich der Leichttriebwagen an den kalten Wintertagen nur noch dreimal nach Hörnum und List auf. Sonntags ruhte der Inselbahnbetrieb sogar gänzlich. Die Vorteile des Busverkehrs lagen auf der Hand: Er war kostengünstiger, mittlerweile auch schneller und bot mehr Zusteigemöglichkeiten als die Inselbahn. Kein Wunder also, dass der Kraftverkehr unter den häufigen Benutzern des Sylter ÖPNV in der Gunst zulegte.

Was blieb da noch für die Inselbahn? Eigentlich nur der Gelegenheitsverkehr, also die Beförderung der Urlauber. Doch die zogen es nun einmal vor, mit ihrem eigenen Vehikel anzureisen und es auch auf Sylt zu gebrauchen. Immer deutlicher wurde, dass der Zeitgeist es mit einem so nostalgieträchtigen Verkehrsmittel, wie es die Sylter Inselbahn nun einmal darstellte, nicht allzu gut meinte.

Vereiste Gleise brachten diesen Triebwagen aus der Spur.

1967 noch einmal Hoffnung! Der Regionalbezirksplan des Landes Schleswig-Holstein schien eine Wende zum Positiven herbeizuführen. Seine zentrale Aussage lautete: „Um den Massenverkehr während der Saison bewältigen zu können, sollte die Sylter Inselbahn erhalten bleiben und mit ihren Einrichtungen wesentlich verbessert werden." Der Silberstreif verschwand aber schnell wieder hinter dem Horizont. Es war unübersehbar, dass die Sylter Inselbahn ihrem Ende entgegentrieb. Der Abriss des Westerländer Inselbahnhofgebäudes im Oktober 1969 hatte bereits Symbolcharakter für die nahende Abschaffung der Kleinbahn. Zu Beginn des Jahres 1970 stellte dann das Wirtschaftsministerium in Kiel nüchtern fest: „Die Schiene von Westerland nach Hörnum ist in den letzten Jahren zusehends verfallen und gewährleistet – genau wie der vorhandene Wagenpark – nicht mehr eine sichere Verkehrsabwicklung."

Eine Modernisierung der Schienen und des Fuhrparks wäre vonnöten gewesen, um die Inselbahn wieder auf den rechten Kurs zu bringen. Ein nicht ganz billiges Vorhaben: Die SVG rechnete mit einem Investitionsvolumen in Höhe von 14,8 bis 16,8 Millionen Mark. Der SVG war das zu viel und sie plädierte deshalb dafür, den Betrieb der Südbahn einzustellen und voll auf den Busverkehr zu setzen. Widerstände gab es von Seiten der Landesplanungsbehörde in Kiel, die gegen diese Pläne votierte. Sie hielt es für ausgeschlossen, dass der wachsende Verkehr allein von der Straße bewältigt werden könnte. Schließlich ging die Behörde davon aus, dass der Tourismus weiter expandieren und die Inselbevölkerung bis 1985 auf 60 000 Personen (!) anwachsen würde. Anders bewertete das Kieler Wirtschaftsministerium die Sachlage und stimmte den Einstellungsplänen zu. Damit war das Schicksal der Sylter Südbahn im Mai 1970 besiegelt.

In der kommenden Sommersaison bewegte sich nur noch die Nordbahn durch die Sylter Dünenlandschaft – das letzte Rudiment des einst so umfangreichen Sylter Schmalspurnetzes! Aber auch für das letzte Teilstück war das Ende bereits vorbestimmt. Am 15. Dezember 1970 meldete die Sylter Rundschau: „Auf Antrag des Inhabers der Sylter Verkehrsgesellschaft beschloss das Wirtschaftsministerium der Landesregierung Schleswig-Holstein die sofortige Stilllegung der Bahn." Einen Tag später ging die Nordbahn auf ihre letzte planmäßige Fahrt. Danach fuhr die Nordbahn nur noch einmal, und zwar am 29. Dezember 1970. Mit dabei: einige Mitarbeiter des Verkehrsunternehmens sowie Gäste aus dem Kieler Ministerium und aus den Inselorten. Ein Abschied auf Dauer – von einem großen Kapitel der Sylter Verkehrsgeschichte. Der immer stärker werdende Straßenverkehr hatte die Oberhand behalten. Bezeichnenderweise entstand auf der Inselbahntrasse in Westerland nur wenige Jahre später eine neue Durchgangsstraße, der heutige Bahnweg.

Der Tinnumer Karsten Puck fuhr am Ende der Inselbahn-Epoche so manchen Triebwagen und ist noch heute als Busfahrer bei der SVG beschäftigt.

1961 errichtete die Sylter Verkehrsgesellschaft neben dem Bahnhof Westerland den rege genutzten Kleinbahnpavillon.

Vera Prahl – die Grande Dame der Sylter Verkehrsgesellschaft

Minutiös erinnert sich Vera Prahl an die allerletzte Fahrt der Sylter Inselbahn. Gäste aus dem Kieler Verkehrsministerium, Insel-Honorationen und bewährte Mitarbeiter waren am Abend des 29. Dezembers 1970 an Bord, als die „Rasende Emma" auf ihrer inoffiziellen Abschiedsfahrt Richtung Norden ratterte. Das anschließende Essen im Lister Bahnhof hatte das triste Ambiente einer Henkersmahlzeit. „Mein Mann Ruy – sonst immer fröhlich und beherrscht – musste sogar seine Rede vor der Festgemeinde für einen Moment unterbrechen, weil ihm einfach die Tränen kamen", erzählt die Grande Dame der Sylter Verkehrsgesellschaft (SVG).

Doch bei aller Sentimentalität: Das Aus des romantischen Inselvehikels nach seiner bewegten 82-jährigen Geschichte war einfach eine geschäftliche Notwendigkeit, das hatte das Ehepaar Prahl längst erkannt. „Die Bahn war nicht mehr zeitgemäß. Gäste und Insulaner – alle liebten sie, aber keiner fuhr mit ihr. Und das wäre im Jahr 2000 wohl auch nicht viel anders", urteilt die vitale Seniorin, die 1917 in St. Petersburg geboren wurde. Die alte Dame gesteht lächelnd, dass auch sie selbst bei ihren zahlreichen Fahrten über die Insel stets den Komfort des eigenen Autos der Idylle der Inselbahn vorgezogen hatte.

Die notwendigen Investitionen von fast 15 Millionen Mark und mörderisch hohe Betriebskosten ließen SVG-Chef Ruy Prahl keine andere Wahl. „Auch die Bahnbusse waren wahnsinnig wartungsintensiv. Das konnte doch kein Mensch bezahlen", urteilt Vera Prahl, die fast 20 Jahre lang an der Spitze der SVG stand.

Auf den richtigen Spürsinn ihres Mannes führt es die gelernte Laborantin zurück, dass er sich auf der Insel rechtzeitig einen neuen Geschäftszweig erschlossen hatte: Die Inselbahn verkehrte nur zwischen Nord und Süd. Doch auch die Sylt-Oster wollten transportiert werden. Schon vor der Ära Prahl gab es zwei Busunternehmen auf Sylt, die Prahl später aufkaufte. „Mit einem Bus ging es los. Danach bauten wir peu à peu eine ganze Flotte auf", erzählt Vera Prahl.

Als sie Ruy Prahl 1953 in Kellinghusen kennengelernt hatte, war der 20 Jahre ältere Mann bereits Inhaber eines florierenden Busunternehmens in Bad Bramstedt. „Er hatte immer viel Freude an neuen Projekten. Als das Verkehrsministerium Anfang der 50er Jahre auf ihn zukam und ihn fragte, ob er nicht Interesse an der Übernahme der wirtschaftlich maroden Sylter Inselbahn hätte, war das für ihn eine Herausforderung, die er nicht abschlagen konnte."

Bei der Modernisierung und Führung seines Sylter Betriebs hatte Ruy Prahl eine patente und fleißige Partnerin an seiner Seite: „Später erst bin ich auf die Insel gezogen. Ich war Ruy gegenüber zunächst sehr vorsichtig. Denn ich war in Königsberg schon einmal verheiratet und sehr enttäuscht worden", plaudert Vera Prahl.

Ihr persönliches Schicksal war sicher der Nährboden für ihre Zähigkeit, die sie später als Chefin der SVG an den Tag legte: Ohne auch nur für eine Moment den Mut zu verlieren, war sie hochschwanger von Königsberg nach Hamburg geflohen, bekam auf der Flucht ihre Tochter Monika und landete 1946 schließlich in Kellinghusen. „Ich war einfach nur froh und glücklich, dass ich es geschafft hatte", erinnert sie sich. Sie arbeitete viele Jahre als Sekretärin in einer Weberei und war stolz auf ihre Selbstständigkeit. „Ruys Humor war so überwältigend, dass ich dann doch mit ihm leben wollte", sagt die schöne alte Dame mit einem liebevollen Blick auf das Porträt ihres Mannes an der Wand ihres Hauses in Alt-Westerland.

Selbstverständlich war es für sie, dass sie im Unternehmen ihres Mannes eine eigene Aufgabe wahrnehmen wollte. Lange Jahre bewährte sie sich als Prokuristin, war für sämtliche Belange der teilweise bis zu 80 Mitarbeiter Ansprechpartnerin – auch wenn es persönliche Sorgen gab. Außer Frage stand es für sie, dass sie den Betrieb nicht verkaufen, sondern weiterführen wollte, als Ruy Prahl 1976 an Herzversagen verstarb. „Ich hatte so ein solides Netz an altbewährten Mitarbeitern, das hat so viel Spaß gemacht", beurteilt sie ihre 20jährige Regentschaft bei der SVG. Einer von ihnen ist Karsten Puck (62). Schon als kleiner Butscher war es sein Berufsziel Busfahrer zu wer-

den: Er begann 1953 seine Ausbildung als Schlosser bei der SVG, kannte das gesamte Innenleben der Dampfloks und später der Triebwagen, arbeitete jahrelang als Schaffner und Fahrer der Inselbahn, bevor er dann ganz auf den Buslinienverkehr und Inselrundfahrten umstieg. Er kutschierte über zwei Millionen Kilometer über die Insel und fährt noch heute für den Prahl-Nachfolger Sven Paulsen – mit weniger Stunden, aber derselben Leidenschaft. „Die Prahls waren wirklich gute Chefs und versierte Kaufleute", schwärmt der rauschebärtige Tinnumer.

Es waren längst nicht nur Fahrzeuge, die Vera Prahl in den zwei Jahrzehnten als Chefin der SVG beschäftig-

Vera Prahl verkaufte die Sylter Verkehrsgesellschaft 1995 an den Reeder Sven Paulsen.

ten: Außer den Lister Inselbahnhof, den sie an einen Hotelier verpachtete, baute sie die Immobilien in den anderen Inselorten zu Appartementhäusern aus und vermietet noch heute erfolgreich an Gäste.

Aus Zeiten der Inselbahn unterhielt Vera Prahl eine Tischlerei, die mit der Erneuerung der Fahrgasträume beauftragt war. „Die Tischler nahmen in müden Zeiten auch andere Aufträge an. Daraus entwickelte sich eine Möbeltischlerei und später eine Möbelhaus", beschreibt Vera Prahl die Entwicklung eines ihrer Betriebszweige. Auf die Vermietung ihrer Geschäftsetage im Hochhaus neben dem Alten Kursaal hat sie noch heute stets ein Auge und auf die liebevolle Betreuung ihrer langjährigen Feriengäste verwendet sie viel Energie, wenn sie es inzwischen auch ein wenig „ruhiger angehen" lässt.

Seine letzte Ruhe
fand Ruy Prahl auf dem großen Westerländer Friedhof.

Als eine der wenigen Frauen, die auf Sylt in den 70er Jahren einen großen Betrieb führte, sah sie sich nie in einer Sonderrolle. Emanzipiert ist sie von Haus aus. „Die Herren haben mich immer alle wunderbar respektvoll behandelt", lobt Vera Prahl ihre Geschäftspartner.

Ein gewachsenes Vertrauensverhältnis zu ihren Mitarbeitern war für sie das A und O. Chef-Allüren liegen ihr nicht. Davon zeugt auch, dass ihr ehemaliger Tischlergeselle noch heute dafür sorgt, dass ihr Haus und Garten immer in Schuss sind. Ehrensache für Vera Prahl, dass sie sich auf den Weihnachtsfeiern und Betriebsfesten ihrer ehemaligen Mitarbeiter immer sehen lässt.

Mobilität spielt für die gelernte Laborantin aus Königsberg auch privat eine große Rolle. Wenn sich ihr Dunstkreis inzwischen auch weit über die Inselgrenzen erstreckt: „Ich bin ja so froh, dass ich mich für Reeder Sven Paulsen entschieden habe, als ich 1995 die SVG verkauft habe. Er ist genau der Richtige und ich habe endlich Zeit zu reisen", freut sich die muntere alte Dame. Zunächst war es ihr allerdings nicht leicht gefallen, sich von den 29 Bussen, von den Fahrern, Bürokräften und Mechanikern zu trennen.

„Es ist mir jetzt eine Freude Sven Paulsen zuzusehen, mit welchem hervorragendem Geschick er den Betrieb leitet", lobt Vera Prahl. An Langeweile leidet sie nicht: Ihren Geist trainiert sie mit Französisch-Lektionen an der Sylter Volkshochschule, sie besucht Freunde und Familie in den USA und in Südafrika, der Cluburlaub in der Türkei gehört genauso dazu wie der Besuch der Enkeltochter in Paris und die Klassentreffen mit ihren Schulkollegen aus Königsberg.

Weitsichtig und realistisch wie sie ist, hat sie sich schon vor zehn Jahren einen Platz in einer Seniorenresidenz in Hamburg gesichert. Ihr geliebtes Haus in Westerland aufzugeben, daran denkt sie aber noch lange nicht. „Fürs Altenheim muss ich doch erstmal alt werden", schmunzelt Vera Prahl, 83-jährig.   Imke Wein

Sven Paulsen – ein Mann bringt Sylt in Bewegung

30 Jahre nach dem Ende der legendären Inselbahn ist die Sylter Verkehrsgesellschaft ein modernes und flexibles Verkehrsunternehmen, das jährlich mehr als 2,5 Millionen Urlauber und Einheimische zwischen Hörnum, List und Morsum befördert. Doch obwohl die 32 Busse des SVG-Fuhrparks ein Durchschnittsalter von gerade einmal 4,3 Jahren aufweisen, brauchen Nahverkehrs-Nostalgiker nicht auf das Flair der alten Inselbahnzeiten zu verzichten. Seit Sommer 1999 bietet das Unternehmen nämlich auch Charterfahrten mit einem 1958 gebauten Oldtimer-Bus an, der viele Fahrgäste zumindest im Inneren stark an den „Nivea-Schienenexpress" der 60er erinnern.

Die Anschaffung des aus der Schweiz stammenden schwarz-gelben Kraftomnibusses für Betriebsausflüge oder Inselrundfahrten geht, wie so viele Neuerungen bei der Sylter Verkehrsgesellschaft, auf die Initiative von Sven Paulsen zurück. Der heute 40-jährige ausgebildete Kapitän und Eigentümer der Insel- und Halligreederei übernahm die SVG am 1. September 1995 von Vera Prahl. Mit dem Kauf des Busunternehmens überraschte der Sylter Reeder nicht nur die gesamte Insel-Öffentlichkeit, sondern auch die Westerländer Stadtväter. Die hatten bis zuletzt noch an einem Konzept gestrickt, bei dem die Stadt zusammen mit der Flensburger Reederei „Seetouristik" die SVG übernehmen sollte - doch während die Kommune plante und überlegte, unterschrieb Paulsen bereits den Kaufvertrag.

Mit dem gleichen Elan, mit dem Sven Paulsen die 1950 von seinem Vater Kurt auf Nordstrand gegründete Insel- und Halligreederei seit Jahren kontinuierlich ausbaut, hat er auch den Betrieb, das Angebot und den Service der 1952 gegründeten SVG modernisiert und erweitert. Zu den Neuerungen seit dem Eigentümerwechsel gehören nicht nur die knallgelben Fahrradträger am Heck aller Linienbusse, die Anschaffung der großen Gelenkbusse oder die Einführung der wieder aufladbaren Chip-Karte als Mehrfachfahrschein, sondern auch die Übernahme des Reisebusunternehmens „Tölke Reisen" sowie die Einführung des 20-Minuten-Taktes für Linienbusse im Sommer (im Winter gilt ein 30-Minuten-Takt).

Am meisten Schlagzeilen machte Paulsen jedoch mit dem auf Wunsch der Stadt Westerland eingeführten Stadtbus. Im Auftrag der Stadt betreibt die SVG seit dem 1. Juni 1998 mit vier speziell für den innerstädtischen Verkehr geeigneten klimatisierten Bussen (den kleinen Blauen) einen Ringverkehr. Das während der gesamten zweijährigen Probephase bei den Fahrgästen beliebte und von den Politikern heiß diskutierte Projekt basiert auf der Idee, Einheimische und Urlauber durch günstige Fahrpreise (mit gültiger Kurkarte anfänglich eine Mark) vom Auto in den Bus zu locken. Die dadurch zwangsläufig entstehende Differenz zwischen Kosten und Einnahmen wird aus dem Stadtsäckel ausgeglichen. Bereits kurz nach der Einführung mussten die Verantwortlichen auf Seiten der Stadt jedoch feststellen, dass trotz 280 000 Fahrgästen im ersten halben Jahr mit einem jährlichen Subventionsbedarf von anfangs 1,2 Millionen, später rund 800 000 Mark zu rechnen ist.

Im April 1999 konnte die DB Autozug als Partner gewonnen werden, die sich mit 300 000 Mark pro Jahr am Stadtbus beteiligt und ihren Autozug-Kunden dafür die kostenlose Benutzung des City-Busses anbietet. Der

Der Sylter Reeder und Busunternehmer Sven Paulsen erwarb
Mitte der 90er Jahre das Unternehmen der Familie Prahl.

Stadtbus ist auf jeden Fall das erste Sylter Verkehrsangebot, das in Ansätzen eine seit langem bestehende Wunschvorstellung vieler umweltbewusster Sylter verwirklicht: das kostenlose Busfahren mit der Kurkarte. Ob dieses Ziel je umgesetzt wird, hängt zumindest aus Sicht des Busunternehmens einzig und allein davon ab, ob sich jemand findet, der es bezahlt.

Trotz umfangreicher Investitionen seit 1995 schreibt die SVG mit ihren 42 ganzjährig Beschäftigten und zehn Saisonkräften nach wie vor schwarze Zahlen. Manch ein einheimischer oder großstädtischer Fahrgast mag sich dabei über die Fahrpreise ärgern. Schließlich sind 3,20 Mark für eine Fahrt von Wenningstedt nach Westerland oder 10,80 Mark für die Tour von List nach Hörnum nicht gerade wenig. Kritikern rechnet Sven Paulsen jedoch stets vor, dass in Großstädten wie Kiel oder Hamburg der Öffentliche Personen-Nahverkehr jährlich mit Hunderten von Millionen Mark bezuschusst wird, während die SVG fast gänzlich ohne öffentliche Mittel auskommen muss.

Billiger wäre das Busfahren auf Sylt natürlich, wenn noch mehr Menschen das Auto stehen lassen würden. Doch selbst die zahlreichen Verbesserungen im Service haben bislang nicht zu einem Anstieg der Fahrgäste im Linienverkehr geführt. Benutzten in den Jahren 1995 bis 1997 jeweils rund 2,3 Millionen Menschen den Bus, so waren es 1999 (ohne die 460 000 Stadtbus-Passagiere) nur noch knapp über zwei Millionen.

Das Netz der insgesamt fünf SVG-Linien weist dabei einige Parallelen zum alten Inselbahnnetz auf. So befindet sich der Dreh- und Angelpunkt der Buslinien, der 1997 neugestaltete ZOB mit der markanten SVG-Zentrale dort, wo früher der Kleinbahnpavillon stand. Und an Stelle der alten Nordbahn fährt heute die Linie 1 nach List und auf der Südbahnstrecke gen Hörnum alle 20 Minuten ein Bus der Linie 2. Eine stündliche Linienverbindung besteht auch nach Munkmarsch, in je-

nen kleinen Inselort, der 1888 Ausgangspunkt der Inselbahn war, und der Betriebshof der Sylter Verkehrsgesellschaft hat als Adresse keine andere Straße als den an alte Zeiten erinnernden Bahnweg.

Während die heute noch sichtbaren Gemeinsamkeiten von SVG und Inselbahn größtenteils zufällig sind, setzt Sven Paulsen als Reeder neuerdings ganz bewusst auf Nostalgie. Das jüngste Exemplar seiner mittlerweile 24 Schiffe umfassenden „Adler"-Flotte ist mit 95 Jahren zugleich das älteste. Der letzte an der Nordseeküste fahrende Seitenraddampfer legt seit April dreimal täglich im Lister Hafen für Ausflugsfahrten ab. Nachdem Paulsen seit Anfang der 90er Jahre für die Expansion der ursprünglich nur im nordfriesischen Wattenmeer agierenden Reederei auch an der deutsch-polnische Ostseeküste und auf der Oder sowie den Einsatz von zwei Schnellfähren zwischen USA und den Bahamas sorgte, ist seine neueste Idee eng mit der Sylter (Verkehrs-)Geschichte verbunden.

Ganz bewusst hat Paulsen dem in Rotterdam erworbenen Raddampfer nämlich den Namen „Freya" gegeben. Namensgeberin ist jene „Freya", die der legendäre Kapitän Carl Christiansen (besser bekannt als „Käpt'n Corl") bis zum Bau des Hindenburgdammes zwischen Munkmarsch und Hoyer durchs Watt steuerte. Von 1863 bis 1927 führte der Weg vom Festland nach Sylt jeden Besucher zwangsläufig auf die Planken eines Raddampfers. Und ab 1888 schloss sich dieser Schiffspassage dann eine Fahrt mit der Inselbahn nach Westerland an. Die traditionsreiche Route durchs Watt kann man jetzt also wieder an Bord eines historischen Schiffes erleben. An Land wartet dann allerdings kein Exemplar der alten Inselbahn, sondern ein moderner Linienbus der SVG – sofern man nicht eine Tour mit dem schwarz-gelben Oldtimer gebucht hat.

Jörg Christiansen

Schlusswort

Inzwischen ist es 30 Jahre her, dass die Sylter Inselbahn über die Gleise düste. Aber noch immer trauern viele Insulaner und Urlauber ihr nach, zeigt doch ein Blick auf andere deutsche Inseln, dass solche Bahnen gerade bei Touristen sehr beliebt sind. Zudem würde eine Inselbahn den Bussen dabei helfen, die heute auf Sylt fast unerträgliche Flut an Autos ein wenig einzudämmen. Kein Wunder also, dass über eine Reaktivierung der Inselbahn immer wieder lebhaft diskutiert wird. Doch die dafür nötigen Investitionen wären immens. Der landesweite

Stillstand: Nur noch selten waren in den letzten Tagen der Inselbahn die Wagen so gut gefüllt.

Nahverkehrsplan beziffert sie für die gesamte Strecke von Hörnum nach List auf 190 Millionen Mark. Unter diesen Umständen erscheint eine Wiederbelebung der Sylter Inselbahn als ziemlich unwahrscheinlich.

Ein Trost bleibt: Die vielen noch erhaltenen Relikte werden die Erinnerung an die Inselbahn auch in Zukunft wach halten, ebenso das Denkmal auf dem Vorplatz des Westerländer Bahnhofs. Und auch das Sylter Archiv wird dazu beitragen, dass das Andenken an die Sylter Inselbahn nicht verblasst.

Der Westerländer Inselbahnhof
gegenüber dem Rathaus wurde 1969 abgerissen.

Fotonachweise

Stöver-Sammlung:
Seiten 6, 54, 55, 57, 58 - 61, 64, 66, 78,79
Sammlung Sylter Archiv:
Seiten 8 (li.), 12, 13, 14, 15, 16 , 17, 18, 19, 20,
21, 22/23, 24, 25, 26, 28/29, 30/31, 32, 35, 36, 38, 39,
40/41, 43, 44/45, 47, 49, 51, 62, 63, 70/71
Eisenbahn-Bildverlag München:
Seite 8 (re.)
Sylt-Picture:
Seiten 9, 10, 11, 74
TVK Sylt:
Seiten 34, 48, 53
Foto Prahl:
Seite 50
Foto Karsten Puck:
Seiten 56, 57, 68, 69
Foto Nickel:
Seiten 52, 65
Foto sh:z-Archiv:
Seiten 42, 67
Foto Wein:
Seite 73
Foto Zarp:
Seite 76